A ARTE DA PALAVRA E DA ESCUTA

REGINA
MACHADO

A ARTE DA
PALAVRA E
DA ESCUTA

EDIÇÃO REVISTA E AMPLIADA
DO LIVRO *ACORDAIS*

COLAGENS DE
ADRIANA PELIANO

Copyright do texto © 2015 by Regina Machado
Copyright das colagens © 2015 by Adriana Peliano

Grafia atualizada segundo o Acordo Ortográfico da Língua Portuguesa de 1990, que entrou em vigor no Brasil em 2009.

Capa e projeto gráfico
Claudia Espínola de Carvalho

Preparação
Silvia Massimini Felix

Revisão
Ana Maria Barbosa
Angela das Neves

Dados Internacionais de Catalogação na Publicação (CIP)
(Câmara Brasileira do Livro, SP, Brasil)

Machado, Regina
    A arte da palavra e da escuta / Regina Machado ; colagens de Adriana Peliano. — 1ª ed. São Paulo : Editora Reviravolta, 2015.

    "Edição rev. e ampl. do livro *Acordais*"
    ISBN 978-85-66162-56-1

    1. Arte de contar histórias 2. Histórias para crianças 3. Literatura oral I. Peliano, Adriana. II. Título.

15-05271   CDD-808.543

Índice para catálogo sistemático:
1. Arte de contar histórias : Literatura 808.543

[2015]
Todos os direitos desta edição reservados à
EDITORA REVIRAVOLTA LTDA.
Rua Bandeira Paulista, 702, cj. 72
04532-002 — São Paulo — SP — Brasil
Telefone: (11) 3707-3500
Fax: (11) 3707-3501
www.companhiadasletrinhas.com.br
www.blogdacompanhia.com.br

Para Mme. Rousseau

*Ô rosa lira lirais,
Quem tá dormindo acordais,
Quem tá dormindo acordais,
Quem tá dormindo acordais.*

Cantiga tradicional de mulheres
(Serrinha, Bahia),
coletada por Lydia Hortélio

SUMÁRIO

Prefácio à edição de 2015 11
Para início de conversa (Antes de abrir o portal) 24

PORTAL I: "NÃO SEI, SÓ SEI QUE FOI ASSIM" 29

1. Paisagem vista de uma janela 37

2. Passeio dentro da paisagem 61

3. Bagagem I: aquisições e equipamentos de viagem 97

4. Bagagem II: passeio com o olho virado 121

5. Curiosos estudantes visitam a paisagem 175

6. Um estudante especial: Malba Tahan visita a paisagem e acaba morando nela 231

PORTAL II: À ESPERA DE OUTROS VISITANTES 249

Notas 261
Agradecimento 268
Bibliografia 269

PREFÁCIO À EDIÇÃO DE 2015

Este livro foi publicado pela primeira vez em 2004, sendo resultado de minha tese de livre-docência defendida na Escola de Comunicações e Artes da Universidade de São Paulo. Na época, o título *Acordais: fundamentos teórico-poéticos da arte de contar histórias* era adequado, pois se tratava de um trabalho acadêmico e expressava o princípio orientador da proposta apresentada na tese.

Uma abordagem teórico-poética indaga como é possível aprender conjuntamente através do modo de conhecer lógico-discursivo e do conhecimento manifestado em formas artísticas, com suas metáforas e imagens poéticas.

Certa vez, lendo Gaston Bachelard, encontrei esta sentença: "Sonhar as fantasias e pensar os pensamentos: aí estão, sem dúvida, duas disciplinas difíceis de equilibrar".[1] Pensei então que o desafio que sempre orienta minha pesquisa é justamente investigar o que podem ser esse equilíbrio e a complementaridade entre teoria e poesia no processo de aprender.

Um fundamento teórico-poético pode ser constituído pelo sujeito como configuração de uma aprendizagem significativa. Nesse modo de aprender, as formulações se tornam significativas a partir da experiência conjunta do pensamento e do encontro de imagens poéticas pessoais despertadas pelo contato com formas artísticas.

Onze anos depois, nesta nova edição, releio a obra em busca de mudanças necessárias que dialoguem com o tempo de hoje, com a proposta editorial em que sua vida recomeça e com os leitores a quem essas palavras possam se destinar.

Acordais permanece no subtexto, no espírito da metáfora que guia a intenção mais profunda desse trabalho, nas ressonâncias múltiplas que me levaram a escolher esse nome, a começar pela homenagem a Lydia Hortélio.[2] Foi numa cantiga de trabalho de mulheres recolhida por ela na cidade de Serrinha, na Bahia, que escutei a palavra *acordais* pela primeira vez.

Lydia me ensinou a procurar os traços de um Brasil profundamente oculto na cultura da infância. A voz inigualável dessa senhora menina, cantando ou falando de sua pesquisa que se faz na escuta afinada do que as crianças brasileiras revelam em seus brinquedos, me mostrou um exemplo de integridade e comprometimento com a busca autêntica do que vale a pena saber sobre a vida.

Acordais também tem a ver com *despertar* e com a pluralidade de sentidos que cabe nesse verbo. Da mesma forma, liga-se a *concordar*, *discordar* e *recordar*, ações que se enraízam no latim *cor*, coração.

Muitos outros conteúdos cabem dentro de *acordais*, palavra que parece, mas não é, o tempo do verbo que indica ser.[3]

Na cantiga, "quem tá dormindo acordais" ressoa em mim como um convite, um apelo das mulheres para o trabalho coletivo, uma tarefa que cada pessoa faz e que tem sentido e utilidade para todos. A palavra "acordais" parece sobretudo um sopro de sentidos múltiplos, sugerindo o indistinto despertar de uma recordação, quase uma necessidade fundamental do sujeito que aprende: penso que o surgimento de certo modo de conhecer que chamo de teórico-poético é imperativo e urgente. Dito de outra forma, o conhecimento que quer ser enraizado no coração. Durante a leitura do livro, quem quiser poderá se perguntar sobre o que a palavra "acordais" lhe diz. Por sua natureza poética, é um nome que não quer ser explicado, mas sugerido. Sua função é estender-se para cada leitor e dialogar com suas experiências e recursos de compreensão.

Ainda no âmbito das ressonâncias, do interior da palavra "acordais" posso retirar a palavra "corda". Em outro feixe semântico, sigo com ela: a corda une o céu e a terra para o equilibrista, recebe as roupas penduradas para secar ao sol, une espaços que seriam desconexos sem ela, traz ritmo e susto na brincadeira (de pular corda, entre outras, é claro), serve de cabresto (sim, também), é segurança para que o barco não deslize descontrolado rio afora, laça o cavalo bravio. Feita de lençóis amarrados, permite a evasão do preso atrás das grades. É pela ponta e direção da corda que a âncora se finca no fundo do mar.

Ocorre-me então que a corda serve para tecer relações entre algo que se tem e algo que se pode vir a ter, entre o que foi e o que é, entre o que se é e o que se pode vir a ser. A corda é instrumento de pensamento, de imaginação e de comunicação, assim como a palavra.

A arte da palavra e da escuta é um termo de referência que utilizo neste livro para designar particularmente a arte de narrar histórias oralmente. Mas não apenas isso. O que caracteriza a arte da palavra oral é a presença do narrador que se utiliza de sua fala num encontro com o público. Existem muitas possíveis manifestações dessa arte, que além da narração de contos inclui algumas formas teatrais, alguns tipos de performances, bem como a ampla variedade de invenções da cultura tradicional, como as adivinhas, os trava-línguas, as brincadeiras das crianças, os romances (histórias cantadas), os cordéis, os desafios como os do Nordeste brasileiro e a poesia oral presente nos brinquedos dramáticos: o ciclo do boi, o cavalo-marinho, os presépios e muitos outros.

De modo semelhante, a arte da narração oral é situada por alguns contadores de histórias de outros países dentro das *"arts de la parole"* (artes da palavra oral) ou *"arts of the spoken word"* (artes da palavra falada), diferenciando-a da literatura escrita, que pressupõe o uso da palavra por um escritor ausente no ato da leitura. Veja-se, por exemplo, essa definição de Bruno de La Salle, contador de histórias francês:

> Se aceitarmos compreender a palavra como jogo e como instrumento, um atributo, é preciso também aceitar que todos os usos da palavra, por mais diferentes que sejam, quando levados à perfeição, tornam-se o que podemos chamar de artes da palavra.
>
> [...] e que entre essas artes, tais como a eloquência, o teatro, a poesia oral, a conversa, há uma muito importante, por sua simplicidade, sua universalidade, sua permanência, seu poder de significação, pelo fato de que está na fonte de todas as outras: é a arte do conto oral, a arte da narração.[4]

Na língua francesa há dois termos distintos para designar a palavra: a falada (*parole*) e a escrita (*mot*), o que permite a precisão terminológica delineada por La Salle. Acontece que, de outro modo, quando escrevo aqui arte da palavra refiro-me ao nosso contexto brasileiro e busco propor uma reflexão bem particular.

Acredito que tenho um bom motivo para abrigar a literatura oral e escrita dentro desse mesmo guarda-chuva semântico que estou chamando de arte da palavra e da escuta. Mesmo sendo manifestações histórica e culturalmente distintas, tanto a literatura de autor como as narrativas orais se realizam como criação e expressão do espírito humano por meio do uso soberano da palavra. Há inúmeros trabalhos no Brasil e no mundo dedicados a discutir e ressignificar as formulações de Paul Zumthor sobre as relações entre a voz e a letra em seu clássico estudo que investiga no contexto da Europa medieval as características e implicações da voz da oralidade frente à literatura escrita da época.[5] Trata-se de um estudo imprescindível, divisor de águas, para sedimentar tudo o que se pensou a partir de então, evitando hierarquizações, a respeito das inúmeras questões que envolvem a literatura oral e a escrita até os dias de hoje.

Mantenho intacta a proposta da tese de livre-docência: enunciar fundamentos para assegurar a importância específica da narração oral, da palavra bem dita, que não cessa de promover encontros entre as pessoas desde sempre.

Porém sabemos que em geral, no tratamento de conteúdos escolares, os textos de autores são considerados como "literários" e vistos como mais importantes que os contos de tradição oral, rotulados de "populares" ou "inferiores". A imensa riqueza do universo brasileiro da oralidade ocupa na escola um espaço reduzido, quase sempre reservado aos primeiros anos da infância. E mais ainda, quando se pensa o ensino e a aprendizagem da arte nas escolas, costuma-se incluir as artes visuais, o teatro, a música e a dança. A literatura é sempre uma "gaveta" à parte.

Por isso, com o intuito de enunciar a arte da palavra como equivalente às outras artes dentro do currículo escolar, ressalto a relevância de se rever o estudo de produções cuja forma essencial é dada pela ordenação poética de palavras orais ou escritas, considerando suas diferenças como formas artísticas, mas propondo uma outra maneira de trazê-las para os processos de formação de educadores e dos alunos.

E finalmente: é preciso reanimar a potência das palavras, particularmente das palavras da cultura tradicional brasileira, em seus matizes transbordantes de beleza, esquecidas nas estantes empoeiradas das bibliotecas sob o rótulo de "folclore brasileiro", quando na verdade permanecem vivas pelo Brasil afora, na vida cotidiana de muitos brasileiros. Não consigo imaginar nenhuma boa razão para que estejam fora das escolas e dos repertórios dos contadores de histórias.

A arte da palavra, oral e escrita, permite a transformação de um mundo de pensamentos, percepções, perguntas, intuições e afetos em comunicação. É manifestação expressiva que uma pessoa dirige a si mesma e ao outro, que estabelece contatos. A arte da palavra requer o exercício da capacidade de transmutar imagens internas em configurações de linguagem, ordenadas poeticamente. Tal ordenação é fruto de um longo processo de descoberta de palavras que podem ser encadeadas para fazer sentido, para conferir significação à experiência de vida de uma pessoa.

Por isso a arte da palavra e a educação da escuta têm importância fundamental para crianças que estão aprendendo a se expressar e a se comunicar, a se compreender e a compreender o mundo, encorajadas no contato com imagens internas e com imagens configuradas em histórias orais ou escritas que trazem experiências valorosas para percursos de aprendizagem. Isso pode e deve ser aprendido.

Quando uma criança diz "não sei escrever" ou "não sei desenhar", muitas vezes pode estar pedindo uma corda, uma via de acesso e ligação entre, de um lado, a enorme quantidade de experiências/imagens que a habitam num mundo que é só seu, e, de outro, a criação de modos possíveis e inteligíveis de configurá-las.

O contato com a literatura oral e escrita apresenta à criança infinitos modos de expressão poética, palavras combinadas em plurais significações. De maneiras diversas, essa arte da palavra transfigura mundos, operando o trabalho silencioso de dispor para o ouvinte e o leitor imagens ressonantes que conferem substrato e ampliam substancialmente sua aventura imaginativa. Podem assim guiar a ousadia expressiva das crianças que querem escrever (ou desenhar ou arriscar qualquer outra ação comunicativa) e acham que não sabem como. O incrível é que elas sabem muito bem como. A capacidade que as crianças têm de explicitar suas descobertas e formulações já foi inúmeras vezes registrada e citada por educadores e escritores que sabem escutar.

Guimarães Rosa, no prefácio de *Tutameia*, apresenta-nos dizeres fantásticos de meninos livres para pensar. Ele diz:

> Deixemos vir os pequenos em geral notáveis intérpretes, convocando-os do livro *Criança diz cada uma*, de Pedro Bloch:
> [...] O TERRENO. Diante de uma casa em demolição, o menino observa: "Olha, pai! Estão fazendo um terreno!".
> [...] O VERDADEIRO GATO. O menino explicava ao pai a morte do bichinho: "O gato saiu do gato, pai, e só ficou o corpo do gato".[6]

Portanto, as crianças sabem muito mais do que supomos. O que ocorre é que as escolas, em geral, desviam e amarram a atenção das crianças no cabresto do binômio certo/errado. Nesse sentido, a ação dos educadores pode ajudar ou atrapalhar o percurso de aprendizagem dos alunos. Se uma criança entende que saber escrever depende exclusivamente de sua capacidade de manipular regras exteriores, que vão desde leis gramaticais até expectativas de sucesso normatizadas pela escola, ela não encontra nessas fórmulas o que sua vontade de saber lhe dita. Percebe-se então tolhida e impotente. Não lhe oferecem tempo e corda para as roupas secarem ao sol. Do mesmo modo, se é levada a ler ou escutar histórias apresentadas como tarefa escolar para cumprimento e avaliação de seu desempenho, o universo da arte da palavra lhe escapa, já que a via de acesso que se oferece a ela não é o encantamento, mas a realização de conteúdos programáticos, na maioria das vezes enfadonhos e obscuros.

Desse modo, a intenção educativa tem uma função a cumprir.

Podemos imaginar um educador, o sr. X, que vamos supor dizendo a seus alunos: "Os antigos explicavam o que não compreendiam por meio de mitos. Hoje sabemos que não é assim. A ciência estuda, entende e explica fenômenos que antes eram inexplicáveis". Nessa fala, subjaz a ideia de que "antigamente" os seres humanos "não tinham condições de saber o que hoje "os cientistas" conhecem, com sua visão "correta" dos fatos.

Imaginemos agora um outro educador, o sr. Y, que, à diferença do sr. X, diz a seus alunos: "As culturas humanas, de qualquer tempo e espaço, possuem modos diversos de se relacionar/entrar em contato com determinados fenômenos, e nenhum é mais certo que outro, nenhum é mais 'evoluído' que outro".

A intenção educativa na formulação do primeiro educador

fecha a porta da curiosidade dos alunos, que não são convidados a perguntar, pois está tudo sob controle, explicado.

Na formulação do segundo educador há algo que acena desde o desconhecido para a possibilidade de conhecer. A porta da curiosidade dos alunos fica aberta: se as culturas são diferentes, o que uma cultura diferente da nossa sabe que nós não sabemos?

Aprecio o sr. Y, e vocês?

Carlos Drummond de Andrade disse de um modo infinitamente mais bonito:

> *Lembrete*
> *Se procurar bem você acaba encontrando.*
> *não a explicação (duvidosa) da vida,*
> *mas a poesia (inexplicável) da vida.*[7]

As tradicionais cantigas de verso também nos deixam lembretes, como este, por exemplo:

> *A maré que enche vaza,*
> *Deixa a praia descoberta*
> *Vai-se um amor e vem outro*
> *Nunca vi coisa tão certa.*[8]

Quer dizer que a arte da palavra e da escuta também ensina, apontando para o que está além do "certo" e do "errado".

A intenção educativa que focaliza "falar, ler e escrever corretamente" como obrigação social e "cidadã" corre o sério risco de afastar as crianças da arte da palavra e da escuta, e portanto de si mesmas, pois durante o exercício imaginativo de escutar e ler obras literárias afloram perguntas sobre o que mais querem saber, não necessariamente sobre o que querem lhes ensinar.

A intenção de estender cordas para o "falar, ler e escrever bem" como desafio a encontros pessoais de conhecimento é o que conduz as formulações deste livro. Encontros nos quais, em contato com a arte da palavra e da escuta, as crianças possam em primeiro lugar aprender a escutar a si mesmas, para poder escutar aos outros e ao mundo. E então se experimentar equilibristas entre o céu e a terra, meninos e meninas criando coragem para entrar e pular por dentro do susto da corda em movimento, laçando o cavalo bravio da indisciplina e das ideias desordenadas, amarrando lençóis de palavras coloridas que lhes permitam fugir do mundo atrás das grades das regras impostas e da solidão, ancorando no fundo do mar de sua própria imaginação criadora, deslizando rio afora como um barco que pode escolher outra vez descansar seguro na margem, quando ele assim quiser.

Essa arte, oral e escrita, mora num lugar bem, bem longe desse amontoado de banalidades que muitas vezes são oferecidas hoje para as crianças lerem.

Transcrevo a seguir o trecho final do já citado prefácio que Guimarães Rosa fez ao seu *Tutameia*:

> Conclui portanto, que:
> *Os dedos são anéis ausentes?*
> *Há palavras assim: desintegração...*
> *O ar é o que não se vê, fora e dentro das pessoas.*
> *O mundo é Deus estando em toda a parte.*
> *O mundo, para um ateu, é Deus não estando nunca em nenhuma parte.*
> *Copo não basta: é preciso um cálice ou dedal com água, para as grandes tempestades.*
> *O O é um buraco não esburacado.*
> *O que é — automaticamente?*
> *O avestruz é uma girafa; só o que tem é que é um passarinho.*
> *Haja a barriga sem o rei. (Isto é: o homem sem algum rei na barriga).*

> *Entre Abel e Caim, pulou-se um irmão começado por B.*
> *Se o tolo admite, seja nem que um instante, que é nele mesmo que está o que não o deixa entender, já começou a melhorar em argúcia.*
> *A peninha no rabo do gato não é apenas "para atrapalhar".*
> *Há uma rubra ou azul impossibilidade no roxo (e no não roxo).*
> *O copo com água pela metade: está meio cheio, ou meio vazio?*
> *Saudade é o predomínio do que não está presente, diga-se, ausente.*
> *Diz-se de um infinito — rendez-vous das paralelas todas.*
> *O silêncio proposital dá a maior possibilidade de música.*
> *Se viemos do nada, é claro que vamos para o tudo.*
> *Veja-se, vezes, prefácio como todos gratuito.*
> *Ergo:*
> *O livro pode valer pelo muito que nele não deveu caber.*
>
> Quod erat demonstratum.

Fico imaginando que maravilha seria apresentar esse texto aos alunos com seu poder de desafiar curiosidades e limites. Deixar que eles indaguem, se divirtam, retruquem, desentendam e queiram também experimentar inventar, a partir da escuta das ressonâncias e repercussões que essa leitura provoca neles. Como roupas estendidas na corda, balançando ao sabor do vento, à luz quente do sol, sem pressa.

Por outro lado, um conto bem contado, em que a voz do narrador modula as palavras do texto oral, com todo o universo ancestral que elas carregam, tem uma função formativa única, em sua especificidade. A natureza peculiar das narrativas de tradição oral pede um olhar minucioso e cheio de perguntas.

O que a voz traz que o texto escrito não traz?

A arte da palavra e da escuta contém, além da narração oral de histórias, a escuta, a leitura e a escrita, assuntos que deveriam e poderiam ser tratados na escola e também fora dela, com as dimensões culturais e estéticas que fazem parte de sua natureza linguística.

Se antes dirigi minha atenção aos contadores de histórias e aos educadores, agora me detenho em detalhar uma conversa com educadores que buscam se aventurar com mais confiança na descoberta do que pode ser contar histórias na prática educativa, o que pode ser propor às crianças que contem e escrevam suas histórias. E que principalmente buscam compreender a importância da ação narrativa na formação de seus alunos.

Já que comecei esse prefácio mencionando o título do primeiro *Acordais*, ocorreu-me terminá-lo com um exercício imaginativo, inventando, ao sabor dessa escrita de agora, um outro título, à moda dos romances de cavalaria de antigamente.

Sempre me fascinaram as obras do passado, cujos títulos dos capítulos às vezes eram do tamanho de um parágrafo que cumpria a função de adiantar ao leitor um resumo do que leria em seguida. Como por exemplo o capítulo XXVII do livro *O engenhoso fidalgo d. Quixote de La Mancha*, de Miguel de Cervantes Saavedra: "De como conseguiram seu intento o padre e o barbeiro, mais outras coisas dignas de serem contadas nessa grande história".[9]

Nesse exercício, o título que teria a função de apresentar esta edição poderia ficar assim: "De como as palavras deste livro falam da necessidade de educadores e contadores de histórias aprenderem a escutar, do silêncio e da contemplação ligadas a essa escuta, da descoberta do poder dos adjetivos, dos dizeres da cultura tradicional brasileira, múltipla de vozes e raízes, do passeio pelo que Umberto Eco chamou de bosques da ficção, da constituição e familiaridade com essa floresta de imagens internas como fonte primeira da leitura e da escrita, do exercício da imaginação criadora/ flexibilidade imaginativa como motor da curiosidade e da comunicação autêntica, da compreensão da diversidade de entendimentos que são fruto da escuta, leitura e escrita de textos literários, compreensão essa que requer, da parte de educadores e contadores de histórias, antes de mais nada, a percepção e o respeito pelo que cada ser humano, em seu tempo e espaço, concebe como aprender". Portanto, como exercício imaginativo, esse parágrafo pode caber aqui para convidar os leitores a seguir adiante e percorrer as paisagens do livro que agora mora numa nova casa.

Partimos!

PARA INÍCIO DE CONVERSA
(ANTES DE ABRIR O PORTAL)

Este trabalho é também um compromisso, fruto de um posicionamento ético que alinhava e confere sentido a essa pesquisa dentro da Universidade de São Paulo. A oportunidade que me foi concedida, no acesso à bibliografia especializada, no estudo em condições mais que privilegiadas, no diálogo com a produção cultural de qualidade, disponível apenas para uma minoria, se insere num lugar de indiscutível responsabilidade social.

Escrevo para que um número maior de pessoas, além das fronteiras da universidade, possa multiplicar e reinventar esse saber em sua vida e trabalho diários. Com alegria, cumpro um dever de compartilhamento a serviço da qualidade do ensino da arte em nosso país.

No primeiro capítulo há uma reflexão sobre a importância da arte de contar histórias no mundo atual, a partir de determinado ponto de vista. Depois segui explorando as perguntas, pressupostos e relações decorrentes dessa primeira formulação.

Ao estabelecer uma função cultural, social e educativa para a arte da narração oral, passei a indagar de que modo professores e contadores de histórias poderiam preparar-se para que essa função se realize da melhor forma possível.

O segundo, terceiro e quarto capítulos tratam dos recursos internos e externos a ser explorados durante o processo de aprender a contar histórias.

O quinto capítulo traz informações a respeito de autores que pensaram sobre a arte narrativa tradicional, em suas origens, difusão e possíveis funções nos tempos e lugares das diferentes culturas humanas.

O sexto capítulo destaca a utilização pedagógica dos contos tradicionais por meio da análise de uma proposta brasileira. Trata-se também de uma espécie de homenagem ao grande educador, pesquisador, escritor e contador de histórias Julio César de Mello e Souza, que, entre ideias mirabolantes, inventou para si mesmo o pseudônimo de Malba Tahan. Seu livro mais famoso, *O homem que calculava*, é um livro genial que ensina matemática por meio de contos árabes, e parece ter sido bastante utilizado nas escolas, mas hoje acredito que em geral é considerado como "coisa do passado", com a perniciosa conotação de "antiquado".

Porém, poucos sabem que Malba Tahan deixou uma obra extensa de mais de cem livros, que inclui um dicionário de pesos e medidas e vários textos manuscritos nunca publicados. Também é pouco sabido que suas palestras encantavam extensas plateias e que seu gênio inventivo passeava pela ciência matemática, pela filosofia, pela língua e cultura árabes, pelos contos tradicionais e por tantos outros assuntos que sua curiosidade lhe apontasse. Depois de sua morte, seu nome ficou envolto numa atmosfera exótica, quase "folclórica".

O Portal II abre algo diferente do que se apresenta na introdução do livro. Trata-se de uma espécie de convite, um inventário de possibilidades, que surgem a partir da leitura do texto todo. Para quem chegou até o final, uma pergunta: e agora, leitores?

A cada um sua tarefa, seu lugar no mundo, como disse uma vez João Guimarães Rosa.

O conjunto do texto é um relato de meu próprio aprendizado sobre a arte de contar histórias. O relato vale-se de metáforas que intitulam os capítulos, acompanhando a sequência do raciocínio lógico. Ao mesmo tempo, apresenta outras metáforas na forma de contos tradicionais, que dialogam com os conteúdos, às vezes servindo de mote para o desenvolvimento de um capítulo, como não poderia deixar de ser.

Apresento este livro como fruto do contato com professores, alunos, contadores de histórias e públicos de crianças e adultos. A cada um e a todos agradeço as descobertas que me proporcionaram ao longo desses anos.

Escrevi também pensando em pessoas que buscam material que possa ser útil para seu trabalho, qualquer que ele seja. Por isso, em vez de longas explanações teóricas, procuro criar um "modo de dizer" que possa estender pontes de comunicação com os interlocutores. A linguagem não rebuscada, numa fluência quase coloquial, é guiada por um propósito claro e por um pensamento que pretende ser rigorosamente articulado.

O objetivo é propiciar uma experiência de leitura que não apele apenas para o raciocínio lógico. Dirijo palavras e imagens poéticas a pessoas que possam pensar, sentir, imaginar, perceber e intuir o que está no texto e nos intervalos de respiração do discurso. Proponho uma conversa ressonante, em que imagens internas, questões, lembranças e outros fatores que compõem a experiência de vida dos leitores sejam convidados a participar ativamente na leitura.

Esta pesquisa junto a educadores, contadores e leitores, uma busca contínua de pensamentos encadeados em formulações teóricas e imagens poéticas, foi aos poucos delineando o texto, que eu quis tornar simples, mas não simplificador.

Não tive a intenção de banalizar conteúdos para que se tornassem facilmente digeríveis. Também não quis explicar demasiado, a ponto de obrigar o leitor a acompanhar formulações definitivas.

Lembro-me de que muitas vezes, na vida acadêmica, sofri bastante ao ler certos autores consagrados. Com determinação, mergulhei em discursos extremamente complexos e cheios de erudição. Ao final, muitas vezes me surgia um sentimento de inferioridade diante da exuberância dos autores. É como se pensasse: "Eu jamais seria capaz de escrever um texto tão bom", ou "Nossa, quanto conhecimento é necessário para elaborar um discurso assim". Portanto, em vez de despertar nos leitores um sentimento de impotência, quero que sua atenção se desvie da habilidade de quem escreveu o texto e se volte para as repercussões que a leitura produz em sua experiência particular. Meu objeto de estudo, o conto de tradição oral, auxiliou-me nesse propósito. Relatando minha história de aprender, quem sabe seja possível acordar nos leitores seus próprios recursos de aprendizagem.

PORTAL I:
"NÃO SEI, SÓ SEI QUE FOI ASSIM"

Que efeito é esse que pode transformar uma audiência — de início um bando de gente com CPF, RG e muita pressa — num grupo de pessoas inteiras, que de repente vivem o compasso sonoro em que podem dizer "agora eu era o herói", como na imagem poética de Chico Buarque de Holanda?

Penso que sempre quis trabalhar com as pessoas para que elas percebessem — pela experiência artística e estética — que podem ser protagonistas, e não figurantes no cenário do mundo.

Tanto é assim que, quando conheci Ana Mae Barbosa, protagonista maior da ação e do pensamento dentro do ensino da arte no Brasil, passei a exercitar o que ela me ensinou e ensina até hoje, em palavras e obras. E principalmente em seu jeito reto, bastante peculiar, de ocupar um lugar no mundo a serviço da arte na educação. Já trabalhei muito com crianças, mas há bastante tempo dedico-me à formação de professores de arte. Esses têm sido duplamente desvalorizados pela ignorância oficial, pelo fato de ser professores — considerados menores entre os menores — e, como se não bastasse, professores de arte — menores que os menores entre os menores.

Pois eu gosto demais de trabalhar com os professores de arte, utilizando como eixo articulador em sua formação as narrativas tradicionais, que são obras de arte de tempos imemoriais, transmitidas ao longo dos séculos e das diferentes culturas, oralmente, de geração em geração.

Não me considero acadêmica de gabinete; ao contrário, tenho necessidade de ver as palavras pularem do papel e se mexerem dentro das pessoas, de preferência na vida cotidiana. Por isso a pesquisa se movimenta, com curiosidade viva, em torno de dois eixos. No eixo que chamo de pedagógico, os contos são a base do trabalho de formação, realizado principalmente na Universidade de São Paulo. Narrativas orais e diversos contos de autores são utilizados como metáforas para a reflexão dos professores sobre conceitos fundamentais ligados ao exercício de sua função. Procedimento, aliás, nem um pouco original: o processo de aprender por meio de histórias e parábolas é uma estratégia arquimilenar.

Ao mesmo tempo, tornou-se importante compreender melhor esse material com que estava trabalhando. Afinal, do que se trata a arte de contar histórias, como esses contos desabrocham dentro das pessoas? O segundo eixo da pesquisa, portanto, trata da arte de narrar. Do mesmo modo como a melhor forma de aprender sobre natação é entrar na água e nadar, tive de aprender a contar histórias para compreender minhas perguntas. Fui descobrindo devagar o que um contador de histórias precisa saber, que recursos internos e externos tem de buscar, como reconhecer bons contos.

Nessa trilha, o que tenho feito é seguir as histórias: são elas que me indicam por onde ir. Essa não é para mim uma atitude mágica, mas sim uma ação técnica. Foi o que me levou a públicos cada vez mais diversificados e maiores, ao longo desses anos.

Posso constatar que o número de pessoas que querem ouvir contos antigos é crescente, levadas por algum impulso da alma. É um fato inegável e curioso, não só no Brasil, mas também em outras partes do mundo. Se por um lado os velhos contadores tradicionais estão desaparecendo, porque nas comunidades rurais a televisão ocupa implacavelmente seu lugar, nos grandes centros urbanos a quantidade de pessoas que se dedicam a essa arte está crescendo. Como podemos verificar neste depoimento que fala da renovação do conto na França:

> Assim, depois de um longo período de sono, as práticas artísticas da palavra, tão universalmente exercidas em todos os tempos e lugares, reencontram hoje um espaço de expressão. Essa renovação se manifesta em particular através do uso da narração e do conto oral que se desenvolve de uma nova maneira na França e, com maior ou menor atraso, no mundo todo.
>
> Esse ressurgimento [...] é praticado por indivíduos vindos de todos os horizontes, com técnicas, repertórios e gêneros muito variados, em situações e lugares também diferentes. Essa multiplicidade de ações testemunha necessidades importantes não satisfeitas tanto para os que realizam essas ações narrativas como para os públicos aos quais se destinam. É um movimento amplamente artístico e quase espontâneo que aparece hoje. E mesmo que reivindique muitas vezes para si a herança do passado, trata-se, evidentemente, de uma nova arte da palavra que se reformula e que continua ainda, em larga medida, em gestação.[1]

Em muitas cidades brasileiras, há inúmeros contadores de histórias em bibliotecas, escolas, hospitais, trabalhos de responsabilidade social e em diversos espaços culturais. Há grupos de pessoas voluntárias que leem contos para crianças hospitalizadas. Ninguém ordenou que se fizesse isso, não é uma moda importada; parece que se trata de um sentimento de urgência que faz renascer das cinzas uma ética adormecida, uma solidariedade não mais que básica, num mundo de complexidade crescente.

A atitude de olhar para o próprio umbigo, com orgulho de ser o primor da criação divina, vem caindo em desuso desde Copérnico. Hoje isso não faz mais sentido, já que os perigos de extinção de nossa raça, criados por nós mesmos, não são distantes estatísticas. O lixo que acumulamos por décadas de ufanismo tecnológico volta-se contra nós. Somos assaltados nos semáforos e também pelos noticiários e comerciais de TV, pela educação que compramos para nossos filhos e pelos quiméricos ideais de felicidade.

As grandes questões da pós-modernidade extrapolam as discussões de físicos e filósofos, chegando até nós, pessoas comuns, de uma forma simples e contundente: não apenas não sabemos nosso lugar no mundo, como temos medo de quase tudo: de sair pela rua de noite e de dia, de olharmos para nós mesmos e não encontrarmos ninguém...

Fico pensando em alguém que resolve dedicar algumas horas de sua vida lendo histórias para uma criança desconhecida, deitada numa cama de hospital. Não é o medo que une essas duas pessoas nesse instante. Ambas transitam, cada uma por sua própria história, dentro do conto. Não se trata de negar ou fugir da dura realidade, do medo ou da impotência. Experimentam a si mesmas em outras possibilidades de existir, além do medo. É nesse caos de começo de milênio que a imaginação criadora pode operar como a possibilidade humana de conceber o desenho de um mundo melhor. Por isso, talvez a arte de contar histórias esteja renascendo por toda parte. Os contos milenares são guardiães de uma sabedoria intocada, que atravessa gerações e culturas: partindo de uma questão, necessidade, conflito ou busca, desenrolam trajetos de personagens exemplares, ultrapassando obstáculos e provas, enfrentando o medo, o risco, o fracasso, encontrando o amor, o humor, a morte, para se transformarem ao final da história em outros seres, diferentes e melhores do que quando o conto começa. O que faz com que nós, narradores, leitores e ouvintes, nos vejamos com outros olhos.

Os protagonistas somos nós, é nossa própria história que nos contamos enquanto vivemos o relato exemplar. Enquanto estamos dentro do conto, experimentamos a certeza de que valores humanos fundamentais como a dignidade, a beleza, o amor e a possibilidade simbólica de nos tornarmos reis permanecem vivos em algum lugar dentro de nós.

Podemos até rir de nós mesmos, na pele dos estúpidos e ignorantes que povoam esses contos, ao lado de sábios e dragões. Seja lá por que for, o fato é que não conheço ninguém que não goste de ouvir uma boa história. Eu me dedico a esse serviço de garimpo de boas histórias e trato de contá-las da melhor forma que puder para que as pessoas tenham uma experiência que lhes seja proveitosa de alguma maneira. Gostaria de aprender a dizer tudo isso com a simplicidade de Chicó, memorável protagonista do *Auto da compadecida*, de Ariano Suassuna, que é sem dúvida um dos grandes contadores de histórias de nosso país: "Não sei, só sei que foi assim".

1.

PAISAGEM VISTA DE UMA JANELA

> *Eu perguntei um dia ao neurologista Oliver Sacks o que, do seu ponto de vista, era um homem normal. Ele me respondeu que um homem normal, talvez, seja aquele que é capaz de contar sua própria história. Ele sabe de onde vem (ele tem uma origem, um passado, uma memória em ordem), ele sabe onde está (sua identidade) e acredita saber aonde vai (ele tem projetos, e a morte no final). Ele está, portanto, situado no movimento de um relato, ele é uma história e pode dizê-la para si mesmo.*
>
> Jean-Claude Carrière[1]

Imaginemos em primeiro lugar que o assunto que vamos estudar nestas páginas — a narrativa de tradição oral — constitui uma paisagem que pode ser contemplada de inúmeros pontos de vista. Uma paisagem composta de rios, lagos, vales, bosques, montanhas, grutas, caminhos e lugares secretos.

Imaginemos em seguida uma casa com muitas janelas: cada estudioso, debruçado sobre uma das janelas, vê a paisagem de um ângulo particular e o que ele descobre tem a ver com o lugar em que se posicionou para observá-la.

Um antropólogo poderá estudar a paisagem dos contos tradicionais buscando entender a função dessas narrativas nas culturas humanas. De sua janela, ele poderá se perguntar sobre as relações entre os contos e outras formas simbólicas criadas pelo ser humano dentro de um conjunto que inclui sistemas de parentesco, crenças, costumes, relações econômicas e assim por diante.

Em outra janela, o folclorista indagará sobre as origens e a difusão dos contos através dos tempos e dos espaços ao longo da história. Seu interesse poderá voltar-se para a comparação, por exemplo: entre contos semelhantes de diferentes lugares do mundo, poderá buscar aquilo que é comum e se repete nos temas dos contos populares, e procurará classificar esse material de acordo com variados critérios.

De sua janela, o psicólogo se perguntará sobre a possibilidade de compreender a psique humana por meio do estudo dos personagens dos contos e de seus trajetos exemplares.

O estudioso da literatura poderá enxergar de sua janela as diferenças entre a literatura oral e a escrita, definindo a estrutura narrativa dos contos tradicionais, buscando compreendê-los como formas literárias.

Por isso, é necessário esclarecer que o trabalho aqui desenvolvido é fruto do estudo dos contos tradicionais do ponto de vista de uma janela particular. Quando a abri e olhei para a paisagem pela primeira vez como estudiosa, uma pergunta me acompanhava: o que se aprende em contato com a arte? Essa pergunta sempre fez parte de minha história pessoal, pois muitas de minhas experiências importantes de aprendizagem estiveram ligadas à arte, de algum modo.

Foi importante visitar também outras janelas e investigar como sociólogos, filósofos, artistas, psicólogos e antropólogos organizavam suas perguntas e formulações a respeito da arte. Refletindo sobre suas abordagens, fui aos poucos definindo com clareza minha própria janela, elaborando princípios e conceitos formados no caráter interdisciplinar do conhecimento humano. A paisagem dos contos me é muito familiar, em primeiro lugar, como memória afetuosa de infância. Faço parte de uma geração em que as crianças costumavam ler muito e algumas, como eu, eram devoradoras de livros. Com um desejo subliminar de compartilhar com meus alunos o gosto do desconhecido que a aventura de ler me propiciava, sempre utilizei textos poéticos nas aulas, das mais diversas maneiras.

A primeira vez que contei uma história, para uma classe de adolescentes absolutamente atentos, vislumbrei a possibilidade de pesquisa que direciona meu trabalho até hoje. Em vez de ler, resolvi contar "O espelho", de Machado de Assis,[2] e aos poucos fui percebendo a qualidade da atmosfera que se instalou dentro de todos nós, criando uma situação de aprendizagem única que me fez perguntar: o que acontece quando alguém conta uma história, que efeito é esse que une as pessoas numa experiência singular? Então, dentro da paisagem da arte, eu havia recortado a paisagem da arte de contar histórias.

A pergunta que sempre me acompanhara ganhou uma coloração, uma densidade e um foco; como se aquele conjunto de formas e movimentos onde os contos habitavam tivesse de repente se tornado incandescente, irradiando uma pulsação que sinalizava sua presença, pedindo para que eu me aproximasse.

Abri várias janelas, como minha curiosidade havia me ensinado: contemplei a paisagem dos contos perguntando sobre suas origens, sobre as diferenças e semelhanças entre as produções dos povos africanos, asiáticos, europeus, americanos, li e traduzi quantidades enormes de histórias, estudei as abordagens dos mais diversos estudiosos. De algum modo, as contribuições de tantos pontos de vista me foram úteis, dando substância e mobilidade reflexiva às minhas indagações, sempre ancoradas na ação de contar histórias para crianças e adultos e na atenta observação dessa prática.

A moldura da janela em que me posiciono para iniciar um percurso de trabalho a partir da contemplação da paisagem das narrativas tradicionais é feita do material de várias disciplinas do conhecimento humano, mas seu desenho, cor e consistência determinam um enfoque específico: ela situa uma perspectiva teórica e metodológica cuja função é investigar a aprendizagem resultante do contato com a arte de contar histórias, e o efeito que essa arte milenar e universal pode ter sobre cada pessoa em particular.

Iniciei este trabalho com a imagem de um portal, pois ele é ao mesmo tempo um lugar de onde vejo pela primeira vez a paisagem e também um espaço de trânsito, uma passagem e um convite para ser atravessado. O portal abarca tanto a perspectiva como a possibilidade de experiência dentro da paisagem.

Neste capítulo, depois de reconhecer o portal e ter enorme curiosidade de saber o que está do lado de lá, escolhi uma janela, um ponto de vista para considerar a paisagem. Primeiro quero falar dessa janela, antes de atravessar o portal. Então percorro a paisagem com os olhos, deixando que minhas impressões se organizem no sentido de formular uma pergunta. É a indagação que considero fundamental, como se fosse uma chave que dá acesso a certa maneira de percorrer a paisagem. Então, dessa janela, pergunto: o que se aprende em contato com a arte de contar histórias?

Recolho na memória três frases, reminiscências de tempos variados de minha história pessoal, e que juntas, agora, sinalizam direções de entendimento dessa pergunta:

"ERA UMA VEZ..."

"FAZ DE CONTA QUE EU ERA..."

"AGORA EU ERA O HERÓI..."

Qual é esse tempo do "era"? Nas três frases acima o pretérito imperfeito configura: a) uma expressão tradicional que inicia a maioria dos contos populares; b) um modo de falar das crianças quando brincam; e c) uma síntese poética que abre uma canção de Chico Buarque de Holanda,[3] reinventando elementos da cultura popular e da infância.

Um professor de português poderia explicar gramaticalmente para seus alunos "Agora eu era o herói"? Impossível na gramática, possível na poesia.

Era uma vez... um tempo verbal, compartilhado: a) pelas histórias populares; b) pelas crianças pequenas que se reúnem para brincar ("Faz de conta que eu era a mãe e você era o pai, tá?"); c) pelos artistas.

Um tempo que não cabe na história temporal, datada cronologicamente, como o do ontem ou do amanhã. No tempo e espaço cotidianos eu fui, sou e serei. Antigamente eu era menor, era tímida e magrinha, mas isso é muito diferente de poder dizer: "Agora eu era", seja lá o que for. Essa possibilidade não faz sentido nem na gramática nem na conversa diária. Mas faz sentido em outro lugar e em outro tempo: no domínio do imaginário, presente na versão inglesa do "Era uma vez": *once upon a time*, que se poderia traduzir imprecisamente em português como "uma vez acima ou além do tempo". O que nos dá uma pista para pensar que além da experiência cronológica da história onde nos entendemos como pessoas que têm família, profissão, idade, endereço e documentos de identidade, nós também temos uma experiência acima e além desse tempo. Onde se situa então essa experiência do "era"?

"Agora eu era."

O tempo do agora é o tempo de presentificar, atualizar, como sempre aconteceu com qualquer rito, um universo atemporal, mítico, através da experiência pessoal — o agora do sujeito — de escuta, vivência apreciação de uma história, de uma obra de arte, de um símbolo.

Quando ouvimos um conto — adultos ou crianças —, temos uma experiência singular, única, que particulariza para cada um de nós, no instante da narração, uma construção imaginativa que se organiza fora do tempo da história cotidiana, no tempo do "era". Tal experiência diz respeito à universalidade do ser humano e, ao mesmo tempo, à existência pessoal como parte dessa universalidade. Pois, se não fosse assim, como seria possível que compreendêssemos uma história de 5 mil anos como a Epopeia de Gilgamesh ou a versão da Cinderela dos índios algonquinos da América do Norte? Por que essas histórias falam para nós, fazem sentido, independentemente de conhecermos qualquer coisa que seja sobre a Suméria de 4 mil anos atrás ou uma cultura indígena americana? À medida que ouvimos a história, estamos lá, familiarizados com ela. A história só existe quando é contada ou lida e se atualiza como uma história para cada ouvinte ou cada leitor. Então, "Era uma vez" significa que a singularidade do momento da narração unifica o passado mítico — fora do tempo — com o presente único — no tempo — daquela pessoa singular que a escuta e a presentifica. É a história dessa pessoa que lhe é contada por meio do relato universal.

Martin Buber fala dessa experiência de modo particularmente inspirado, comentando as histórias do *Baal-Shem Tov*:

> Mas a narração do *Baal-Shem* não era como as narrações de vocês, meninos do presente, que são torcidas como um pequeno destino humano, ou redondas como um pequeno pensamento humano. Em vez disso, elas continham a multicolorida magia do mar, a magia branca das estrelas, e mais inefável que tudo, a suave maravilha do ar infinito.
>
> E todavia não era o relato de tempos e lugares distantes que a história contava, mas sob o toque de suas palavras, a melodia secreta

de cada pessoa era despertada, a melodia em ruínas que era dada como morta, e cada um recebia a mensagem de sua vida dispersa, de que ela ainda estava lá e esperava ansiosa por aquela pessoa. A narração falava para cada um, só para aquela pessoa, não havia outra; aquela pessoa era todo mundo, ela era a história.[4]

Ao relatar como foi a experiência de ouvir determinado conto, cada pessoa mostra que ouviu "um" conto: o seu. Algumas coisas chamaram sua atenção, outras não. Às vezes ela é o personagem e vive junto com ele suas aventuras, outra pessoa observa o cenário como alguém que vê de fora o desenrolar da trama, outra se emociona, outra se pergunta sobre a adequação de tal ou tal episódio e assim por diante. O que importa é que o conto estabelece uma conversa entre sua forma objetiva — a narrativa — e as ressonâncias subjetivas que desencadeia, produzindo um efeito particular sobre cada ouvinte.

As imagens do conto acordam, revelam, alimentam e instigam o universo de imagens internas que, ao longo de sua história, dão forma e sentido às experiências de uma pessoa no mundo.

Já pensou se fosse possível que os bichos falassem? Que as árvores fossem de ouro? Que eu pudesse voar e respirar debaixo d'água? A vontade de compreender o significado da vida anima os primeiros passos trôpegos da criança, as brincadeiras de papai e mamãe, as perguntas desafiadoras e a revolta do adolescente, as descobertas dos cientistas e as obras dos artistas.

Este "lá" para onde a pessoa se transporta é o lugar da imaginação como possibilidade criadora e integrativa do homem. Quando experimento estar dentro da história, vivencio a integridade individual de alguém que não está nem no passado nem no futuro, mas no agora, onde encontro em mim não o que eu fui ou o que serei, mas minha inteireza no lugar onde a norma e a regra — vistas como coerção da exterioridade do mundo — não chegam, onde eu sou rei ou rainha do reino virtual das possibilidades, o reino da imaginação criadora. Nesse lugar encontro não o que devo, mas o que posso; portanto, entro em contato com a possibilidade de afirmação do poder criador humano configurado em constelações de imagens.

É preciso perceber a realidade do conto, do mundo encantado do "pode ser", para se compreender o efeito que as histórias milenares produzem até hoje em nós. Longe de ser ilusão, o maravilhoso nos fala de valores humanos fundamentais que se atualizam e ganham significado para cada momento da história das sociedades humanas, no instante em que um conto é relatado. Assim como o mito, a lenda e a saga, o conto maravilhoso não é só um relato circunscrito a determinado tempo histórico, mas traz em sua própria natureza a possibilidade atemporal de falar da experiência humana como uma aventura que todos os seres humanos compartilham, vivida em cada circunstância histórica de acordo com as características específicas de cada lugar e de cada povo. Todas essas formas narrativas falam do trabalho criador da imaginação, inspirada, como disse Gilbert Durand,[5] pela necessidade fundamental de transcender o tempo e a morte. Ao ser humano é dada a contingência do tempo e a clareza da morte, desde o instante de seu nascimento. A imaginação criadora propicia o exercício do convívio com o inexplicável desconhecido. Como diz J. R. R. Tolkien em seu precioso ensaio sobre os contos tradicionais,[6] a imaginação criadora operando na arte narrativa produz determinado efeito, produto da arte do encantamento.

Mary Warnock[7] estudou minuciosamente os filósofos ingleses desde Hume, buscando elucidar o fenômeno da imaginação, para concluir finalmente que esta diz respeito, em última instância, a um "sentimento de infinitude". Segundo Warnock, se não partilhamos esse sentimento, é impossível compreender na raiz o que move a arte dos grandes poetas, de todos os artistas que, como muitos já disseram, dão forma ao invisível.

Existe um conto muito antigo que fala de um contador de histórias e sintetiza admiravelmente o valor e a função da arte narrativa. Assim é apresentado, no conto, esse personagem:

> [o contador de histórias] sentia orgulho de sua linhagem, de seu repertório e do nível de sabedoria de suas histórias, pois estas eram usadas como indicadoras do presente, registros do passado e faziam alusões às coisas do mundo dos sentidos, bem como às do mundo além das aparências.[8]

O ser humano nunca teve tanta necessidade de transitar compreensivelmente pelo mundo "além das aparências". Cansado do ilusório apelo da "realidade", o homem se pergunta hoje como significar sua relação com um mundo de padrões, regras e tarefas que sinalizam a estrada com placas onde se lê "certo — vá por aqui", ou então "errado — perigo, abismo", ou ainda "recompensa — você seguiu a placa certa" e "castigo — você se aventurou pela via proibida". Neste caminho não há placas que desafiam a curiosidade, encorajam a paixão ou apontam para o sentido de percorrer a trilha escolhida, seja ela qual for. O sentido está além das aparências, em pistas que se ocultam em determinado tipo de árvore, na beleza do sol levante, no perfume de certo conjunto de flores douradas, na fumaça que vem da chaminé de uma cabana perdida no meio da densa floresta.

A arte, qualquer arte, permite esse trânsito compreensível pelos significados fundamentais da vida humana. Não se trata de uma compreensão mensurável ou explicável dentro dos padrões convencionais. "Analisar intelectualmente um símbolo é como descascar uma cebola para encontrar a cebola", disse Pierre Emmanuel.

A qualidade integrativa da imaginação presente nos contos também caracteriza o contato com a unidade dessa experiência, o sentimento de gota no oceano, de parte do todo. Italo Calvino, no prefácio às suas *Fábulas italianas*, fala de sua experiência de compilador de histórias, não como um classificador de motivos ou analista objetivo. Ele conta: "Havia sido capturado, de maneira imprevista, pela natureza tentacular, aracnídea, de meu objeto de estudo; [...] localizava-me diante de sua propriedade mais secreta — sua infinita variedade e infinita repetição". E numa magnífica síntese, conclui dizendo que as fábulas

> são, tomadas em conjunto, [...] uma explicação geral da vida, nascida em tempos remotos e alimentada pela lenta ruminação das consciências camponesas até nossos dias; são o catálogo do destino que pode caber a um homem e a uma mulher, sobretudo pela parte de vida que justamente é o perfazer-se de um destino: da juventude, do nascimento que tantas vezes carrega consigo um auspício ou uma condenação, ao afastamento da casa, às provas para tornar-se adulto e depois maduro, para confirmar-se como ser humano. E, neste sumário desenho, [...] sobretudo a substância unitária do todo: homens, animais, plantas e coisas, a infinita possibilidade de metamorfose do que existe.[9]

Essa infinita repetição e variedade, essa substância unitária do todo, que ao mesmo tempo engloba o universal e o particular, fazem da experiência de contato com os contos tradicionais uma possibilidade de aprendizagem que vai muito além dos objetivos usualmente listados nos planejamentos escolares.

Acredito que o momento de contar histórias e também o trabalho que se possa fazer com elas têm uma função, digamos, *em si*, e ao mesmo tempo uma função ligada ao papel que o exercício da imaginação desempenha no processo de construção de conhecimento *como um todo*.

Contar histórias e trabalhar com elas como uma atividade *em si* possibilita um contato com constelações de imagens que revela para quem escuta ou lê a infinita variedade de imagens internas que temos dentro de nós como configurações de experiência.

É como se todos tivéssemos dentro de nós uma floresta cheia de árvores. No dia a dia, utilizamos apenas as árvores da frente para cumprirmos nossas tarefas sociais. A música popular expressa bem essa situação de repetição tarefeira. Quando Paulinho da Viola canta uma conversa no trânsito: "Olá, como vai?/ Eu vou indo e você, tudo bem?", ou Chico Buarque de Holanda expressa: "Todo dia ela faz tudo sempre igual, me sacode às seis horas da manhã...", a mesmice e a monotonia do cotidiano nos penetram. As regras da boa educação, saber guiar um carro e as demais convenções culturais são exemplos de árvores da frente da floresta. A propaganda e todo tipo de condicionamento social dirigem-se apenas a essas árvores, mas existem muitas outras que o condicionamento não atinge, cada vez mais para dentro da floresta, que são as imagens significativas por meio das quais guardamos o que é realmente importante para nós, ao longo da vida. É para essas árvores que as histórias tradicionais se dirigem quando entramos em contato com elas. Sua luz, melodia, brilho e graça atravessam as árvores da frente, sem se importar com elas, e fazem ressaltar e acordar as árvores mais significativas, mais ao fundo dentro de nossa floresta interior. As árvores da frente são prêt-à-porter, estão sempre à mão para ser utilizadas, de modo mecânico, com eficiência prática. Já as do fundo guardam a seiva da possibilidade de transformação humana, embora muitas vezes estejam dentro de nós emboloradas e quase secas, como jornais velhos empilhados em prateleiras no sótão, porque nem sempre sabemos que temos esse tesouro dentro de nós. Os contos tradicionais acordam essas imagens internas, de qualquer modo guardadas, mas esquecidas. Não são roupas prêt-à-porter, são roupas de gala que vestem nossos mais preciosos sonhos.

Do ponto de vista pedagógico, no trabalho com as crianças, acredito que o importante não é querer saber qual o efeito que os contos tradicionais exercem sobre cada criança, ou mesmo "querer produzir um tal efeito", mas sim entender que para cada uma delas aquela história traz a oportunidade de organizar suas imagens internas de uma *forma* que faça sentido para ela naquele momento. É como se ela pudesse passear pelo reino das possibilidades de significar, reinventando para si mesma sua história naquele momento. E esse passeio pode ensinar sobre a aventura humana no domínio do imaginário. É como se ela pudesse se instrumentar para um tipo de experiência interna familiar, mas que não pode ser explicada pelos modos habitualmente conhecidos. Como explicar, por exemplo, o coração que de repente bate mais rápido quando surge o dragão, ou o calor que invade o peito quando um belíssimo pássaro de plumagem dourada começa a cantar no alto de uma árvore?

Durante a leitura ou escuta de uma história pode haver uma variedade muito grande de experiências misteriosas que, quando pequena, a criança conhece muito bem. Tais experiências vão aos poucos constituindo as árvores do fundo de sua floresta interior. À medida que ela cresce, começa a dar importância apenas àquele tipo de experiência que chamei de árvores da frente da floresta, que "faz sentido para o mundo socialmente aceitável" e que pode ser explicável de modo tão correto como dois e dois são quatro. Não que o coração deixe de bater mais rápido ou o calor deixe de invadir o peito. Mas quando essas coisas não podem mais ser aceitas porque não podem ser explicadas convencionalmente, o que fazer com elas? Elas passam a ser obscuras e vão para o fundo da floresta. O desconhecido não é mais uma aventura, mas passa a ser um terreno no mínimo perigoso, algo que não *fala* mais, não move a curiosidade e, portanto, não alimenta a possibilidade de conhecer. Então o conto pode manter viva essa chama de familiaridade com o desconhecido, porque lá as experiências inexplicáveis fazem sentido.

Mas isso só pode acontecer porque o conto tradicional é uma realização da arte da fantasia entendida como um poder de ordenar a sequência narrativa com consistência interna, seguindo uma lógica própria da gramática mítica, como diz Tolkien, para quem os contos de fadas têm por natureza um propósito artístico.

É preciso que educadores percebam a importância do conto tradicional como uma experiência de contato com a arte da palavra. Não se trata de preparação para algo posterior, como a leitura de textos literários de autores, ou instrumentação para o letramento. Em si mesma, essa experiência contribui para que as crianças possam forjar, pouco a pouco, um rico arsenal de imagens internas alimentadas pela arte da palavra, tanto oral como escrita. Tendo acesso a esse arsenal, as crianças poderão ter recursos para escolher suas próprias palavras ao escrever seus textos. Do mesmo modo como aprendem que existe uma matéria que se chama "matemática", podem também aprender que além do teatro, música ou dança existe a arte da palavra, que abarca a literatura oral e a literatura escrita. Ambas podem ser contextualizadas e apresentadas em sua própria natureza, com sua lógica intrínseca de composição artística e estética.

É preciso acreditar que o contato sistemático com a arte da palavra, primeiro como escuta e leitura em si mesmas, sem serem submetidas a conteúdos escolares, produz efeito substancial para a aprendizagem. Justamente por atuar no alargamento de referências imaginativas, por aguçar a curiosidade sobre questões humanas tecidas nos encadeamentos narrativos, por abrir portas e janelas para perguntas que muitas vezes estão fervilhando na experiência de vida dessas crianças, por apresentar dizeres de grande articulação poética que sedimentam o terreno para o "bem dizer" de suas descobertas linguísticas.

Para que tal efeito seja produtivo, é preciso educar a escuta. Quem primeiro precisa aprender a escutar é o educador.

A escuta depende de uma preparação cujo ingrediente fundamental é o silêncio do educador, que deve deixar de lado objetivos pedagógicos atrelados de modo rígido à apresentação de um conto às crianças. Ler e contar bem significa fazer ressoar as palavras de modo cadenciado, claro, saboreado, estando ele mesmo inteiramente presente nessa ação, sem querer nada a não ser deixar correr o fluxo da narrativa, sem querer ensinar. Esse é um ponto de partida mais que importante. Isso leva tempo; a educação da escuta não se dá assim de repente, porque as crianças vivem num universo de balbúrdia e desconcentração promovido por quase tudo à sua volta. Principalmente porque já se acostumaram a esquecer que conhecem esse silêncio e essa escuta — tão comuns em suas brincadeiras solitárias — e a estar na escola para produzir segundo expectativas exteriores, *coisas que devem fazer a mando dos professores*.

A redescoberta da alegria do silêncio da escuta pode ser ensinada por uma intenção clara e consequentes estratégias criadas por cada professor.

Uma contadora de histórias americana, Laura Simms, relatou num de seus CDs de contos que um dia encontrou um grande contador de histórias francês e lhe perguntou como ele definiria uma boa história. O contador lhe devolveu a pergunta, querendo saber o que, para ela, era um bom conto. Ela se esmerou em descrever o que pensava com frases rebuscadas, formulações cheias de sabedoria que lhe ocorreram no momento. Quando terminou sua fala, feliz com sua resposta, disse ao contador que era sua vez de responder o que era uma boa história. Ele disse: "Depende de quem a escuta".

Penso então numa outra possível função do trabalho com os contos, que é possibilitar às crianças a compreensão da estrutura narrativa que se realiza como arte, invenção humana. Uma criança habituada a ouvir histórias internaliza essa estrutura e familiariza-se com ela. O professor pode partir dessa experiência de escuta para mostrar que o conto tradicional é uma forma literária, uma criação artística que apresenta uma ideia narrativa em desenvolvimento. Através de exercícios criadores, pode propor situações de aprendizagem em que os alunos vivenciem as diferentes partes do conto — a sequência narrativa — e as ligações entre elas.

O conto tradicional é também um material fértil para se estudar as funções das palavras, a organização dos elementos que compõem as frases para criar significações.

Por exemplo, a experiência de contato dos alunos com a vivacidade e o colorido que os adjetivos imprimem à narrativa, vivida como experiência significativa da história, pode trazer uma compreensão melhor da função qualificativa da adjetivação. Acredito que a utilização mecânica de contos para identificar funções gramaticais empobrece e desvirtua a natureza e a potencialidade poética do texto literário. Os alunos são submetidos nesse caso a tarefas aborrecidas.

Se os contos forem pontos de partida para a aprendizagem de conteúdos escolares — *se forem* —, então é importante que não sejam reduzidos a meras estratégias didáticas.

É fundamental que o movimento de aprender parta da busca da significação do conto para o estudo da gramática, e não o contrário.

O conhecimento assim conquistado torna-se maior que o simples aprendizado de mecanismos de composição de elementos numa sequência narrativa. Vem acompanhado de um sentido que aponta para o poder humano de transformação que é essencial à qualidade imaginativa, através do qual, como diz Calvino, homens, animais, plantas e coisas se metamorfoseiam infinitamente, revelando a substância unitária do todo.

Mais que nunca, as crianças do mundo atual necessitam dessa experiência, por viverem constantemente em contato com uma grande quantidade de imagens, na maioria das vezes estereotipadas.

Em geral, quando perguntamos a uma criança "O que é um rei? Um príncipe? Uma princesa?", o repertório disponível, resultante de seu contato com os personagens/estereótipos da cultura de massas, traz à tona como resposta um rei gordo, barrigudo, um príncipe de capa e espada, uma princesa meio Barbie, meio Xuxa, invariavelmente loira.

Nos desenhos animados contemporâneos, objetos mágicos dão a *força* ao herói. Mas não há na construção da narrativa nenhum sentido para isso. São repetições mecânicas, "mágicas", onde não há uma relação entre ação, objetivo, meta, desenvolvimento do herói e a existência de objetos mágicos. No conto tradicional existe a lógica da estrutura narrativa, um desenho interno que organiza o desenvolvimento da ação do herói a partir de determinado propósito, no qual "cabe" a ajuda da fada, do velho sábio, do talismã, da espada. Outra vez Calvino: "a perseguição do inocente e seu resgate como termos de uma dialética interna a cada vida", "a sorte de sofrer encantamentos", "o encontro do amor", "a fidelidade a uma promessa", "a beleza como sinal de graça" são elementos simbólicos que se combinam em infinitas tramas e que dão sentido ao todo de cada história. Os objetos mágicos, portanto, estão organicamente relacionados dentro de uma estrutura simbólica que os engloba. Em contrapartida, os heróis de hoje são insossos, estereotipados. São como uma casca com aparência de herói, o galo que cantou mas não se sabe onde nem por quê. Aí os objetos mágicos, que na verdade são partes, ganham existência por si mesmos, desvinculados do todo, cuja ideia se perdeu. Nos contos tradicionais é diferente: cada parte só existe porque existe o todo, que é um conjunto de relações significativas entre as partes.

O contato com os heróis televisivos contemporâneos acostuma as crianças a vivenciar narrativas desprovidas de sentido. O famoso exercício de "vamos inventar uma história" também corre esse perigo. Do mesmo modo, é muito "moderno" modernizar a Cinderela, muito criativo etc. Mas quando essas propostas não trabalham o sentido, a ordenação interna, as relações entre as partes da sequência narrativa, as invenções das crianças são convencionais e repetitivas. É bom, é importante inventar e recriar histórias, desde que esse trabalho seja acompanhado de um conceito claro do que é uma narrativa, qual seu propósito, função e estrutura.

Se o alimento que recebem vem das campanhas publicitárias tipo McDonald's, dos heróis insípidos do universo do consumo e da moralidade instituída, das imagens do "aborrecimento oficial", como diz Gilbert Durand, que caracterizam o que ele chama de uma civilização iconoclasta colonizadora e domesticadora das imagens,[10] que histórias as crianças poderão inventar?

Se admitirmos que o poder básico da imaginação é o de configurar imagens, é mais difícil percebermos que sua função primordial é configurar significações, responsáveis por um genuíno e pessoal processo de aprendizagem.

Michael Ende constrói uma belíssima metáfora sobre a qualidade imaginativa humana no capítulo "A mina das imagens" de seu livro *A história sem fim*.[11] Um mineiro cego chamado Yor só não enxerga à luz do dia, mas distingue perfeitamente todas as imagens de sua mina completamente escura "debaixo da terra, onde estão guardados todos os sonhos esquecidos dos seres humanos".

Esse lugar secreto, subterrâneo, dentro de nós, contém imagens que registram o modo como compreendemos cada passo de nossa trajetória de vida.

Quando aprendemos, essa aprendizagem é significativa se conversa com nossa história pessoal, quer dizer, é produto de uma ação conjunta de pensamento, sentimento, percepção, intuição e sensação. Tudo isso junto realiza uma forma, uma imagem interna ou um conjunto delas. Mas é preciso que possamos enxergar na escuridão de nossa mina, passear com familiaridade por nossa coleção de imagens, sabendo que se repetem e variam infinitamente.

O trabalho com a imaginação pode manter viva a chama da flexibilidade.

Imaginemos um homem erudito, um professor de música apaixonado pela música clássica ocidental que está voltando de carro para casa e liga o rádio onde está tocando uma música sertaneja. Se ele disser "isso não é música" pode ser porque seu ouvido não escutou aquela música, mas, sim, aquela música através de uma escuta condicionada a certos padrões estéticos, que previamente determinam o que deve ser entendido por música.

Esse conhecimento pré-adquirido busca moldar uma experiência de escuta que precisa caber num quadro de referências musicais entendidas como únicas e verdadeiras para sempre.

É muito diferente escutar a música sertaneja com o ouvido receptivo, curioso para perguntar o que pode ser; não que esse tipo de escuta seja neutro, sem referências; isso seria impossível. O mesmo ouvido "erudito", entretanto, pode dispor-se a estabelecer uma conversa entre dois sistemas de referências, possibilitando que outra significação surja na e através daquela experiência naquele momento. Nesse caso haveria flexibilidade, a imaginação estaria contribuindo para uma aprendizagem genuína, a aprendizagem daquela pessoa, que só pode ser daquela pessoa, porque seu ato de conhecer só se realiza para ela enquanto conjunto de suas imagens: a cor, o peso, a textura, a luminosidade, os sabores, os cheiros, enfim, a forma e a densidade que, naquele instante, juntos, ordenam-se para dar sentido à sua experiência de aprender. Se transportamos o exemplo do músico para qualquer ato de conhecimento, podemos pensar que no momento de formação e absorção de repertórios, se as crianças operam com imagens estereotipadas, sua aprendizagem será pobre de sentido, de experiência pessoal.

A escuta e a leitura de contos tradicionais pode nutrir, despertar, valorizar e exercitar o contato com imagens internas, abrindo possibilidades para que as questões das crianças estejam preparadas a perguntar. Sua experiência pessoal de valores humanos fundamentais pode ser exercitada no contato com os contos tradicionais. Neles, cada narrativa expressa um caminho, um percurso de desenvolvimento, envolvendo necessidades, questões e conquistas: os desafios, provas e obstáculos permeiam as ações de heróis e heroínas que enfrentam situações nas quais valores humanos como coragem, liberdade, beleza, determinação e justiça subjugam o medo, a inveja, a covardia, a traição. Através de variadas situações humanas — desafios, exposição ao perigo, ao ridículo, ao fracasso, encontro do amor, enigmas, encantamento, humor —, os contos produzem efeitos em diferentes níveis de apreensão: podem intrigar, fazer pensar, trazer descobertas, perguntas, questões, provocar o riso, o susto, o maravilhamento.

Nessa experiência, compartilhada dentro do processo de ensino e aprendizagem, é possível exercer o espírito crítico para olhar com outros olhos para o nosso mundo de hoje, nossa sociedade, nossa cultura, as relações humanas e nossas funções como cidadãos.

Esse rei foi justo? Aquele homem agiu corretamente quando escondeu a verdade de seu amigo? A traição da irmã possibilitou a libertação da jovem heroína? O medo desse príncipe fez dele um covarde ou o levou a buscar um meio de resolver seu problema? Essas perguntas podem gerar outras que tocam questões vividas diariamente por todos nós. Os alunos, quando é permitido que se expressem, trazem-nas à tona imediatamente. Uma vez, no meio do relato de um conto, um menino de nove anos disse, comentando a ação de um personagem: "Mas este homem está enganando o outro. Isto é crime!".

Aproveitar essa fala (que alguns chamariam de interrupção ou interferência, mas que de fato é uma participação ativa) como uma oportunidade para discutir valores, tais como são vividos pelos alunos, é um exemplo de situação de aprendizagem propiciada pelo estudo do conto tradicional.

Além disso, se lembrarmos que os contos são particularizações culturais de elementos universais, podemos utilizá-los como instrumentos para a compreensão do multiculturalismo. Costumes, crenças, paisagens, objetos, tipos de ornamentos, vestimentas, hábitos alimentares e outras características culturais estão representados das mais variadas maneiras nos contos chineses, esquimós, africanos, dos índios americanos, das diferentes regiões brasileiras ou europeias. A riqueza com que se apresentam nas narrativas tradicionais possibilita um encontro fecundo com a diversidade cultural dos povos, trazendo a oportunidade para o estudo das diferenças e das peculiaridades de nossa própria cultura, favorecendo a consciência de nossa identidade.

Quando essas questões emergem e são trabalhadas, o estudo dos contos de tradição oral tem grande valor formativo: a experiência de cada aluno, que agora vive a trajetória exemplar, na pele do herói, do monstro, do sábio, do rei, da bruxa, possibilita-o voltar para seu próprio tempo histórico revigorado por essa experiência, dando substância e dignidade para sua existência. Ele poderá enfrentar com outro tipo de discernimento as relações humanas, os conflitos, as diferenças, as incoerências, as crises e a falta de sentido do mundo atual.

Finalmente, a atividade de contar histórias constitui uma experiência de relacionamento humano que tem uma qualidade única, insubstituível.

> Uma vez, um antropólogo chegou numa tribo africana no mesmo dia em que uma televisão foi levada para aquele lugar. Todos os habitantes da aldeia passaram três dias em volta do aparelho, assistindo a todos os programas com grande interesse. Depois, abandonaram a TV e não quiseram mais saber dela. O antropólogo perguntou-lhes se não iam mais assistir aos programas.
>
> "Não", disse um deles, "nós preferimos nosso contador de histórias."
>
> "Mas a TV", retrucou o antropólogo, "não conhece muito mais histórias que ele?"
>
> "Pode ser", respondeu o homem, "mas meu contador de histórias me conhece."[12]

Esse relato nos faz compreender a natureza fundamental da narração viva de contos nas mais diversas situações de encontros humanos. Talvez seja por isso que as crianças sempre peçam a seus pais que lhes contem histórias antes de dormir. A mãe que se relaciona todos os dias com seus filhos quase que só através de palavras de ordem — "Já fez a lição?"; "Não deixe nada no prato"; "Seu quarto está uma bagunça"; "Não esqueça de escovar os dentes" — aparece de outra forma para as crianças quando, à noite, se senta em sua cama para ler ou contar uma história. É uma outra voz, que se torna mais tranquila e harmoniosa. É um outro contato humano, num tom mais colorido, divertido, vibrante, misterioso. Da mesma maneira, quando um professor se dispõe a trazer um conto para seus alunos, pode estabelecer um contato com eles, de imaginação para imaginação, no qual essa mesma qualidade viva se apresenta de modo insubstituível.

A natureza fundamental da narração viva de contos é justamente essa qualidade especial de encontro entre as pessoas. Defino-a como uma troca de significações "à moda da eternidade". Uso a palavra "eternidade" para falar de um tipo de situação que nunca sai de moda, por assim dizer. Como por exemplo a contemplação do fogo. Imagino que toda vez que um ser humano senta ao redor de uma fogueira numa noite escura e para de pensar em circunstâncias exteriores, deixando-se entreter pelo vaivém das labaredas, alguma coisa especial acontece. Não é por acaso que o momento de contar histórias está ligado em nossa memória com a presença de algum tipo de fogo. Antigamente a fogueira, o fogão a lenha, o lampião aceso na porta da casa ou as velas reuniam as pessoas em torno do aconchego da semiescuridão. Momento propício para o descanso depois do trabalho, para se vaguear pelas sombras e mistérios da noite, à vontade, deixando as palavras soltas passeando à toa pelos causos, pelos assombros, pelas perguntas sem resposta, pelos fatos engraçados, pelas dificuldades da vida.

Às vezes, quando as crianças me perguntam por que acendo uma vela antes de contar uma história, digo que é para lembrar de antigamente, quando as pessoas falavam contos em volta do fogo. É como se estivesse querendo fazer presente essa troca de significações à moda da eternidade, tornando minha ação participante da memória ancestral de uma longa corrente de contadores de histórias.

Perguntando inicialmente por que acredito ser importante contar histórias, fui descobrindo os vários tipos de aprendizagem que podem estar relacionados com a arte narrativa oral, tal como fui relatando neste capítulo: a experiência do sonho do devir humano no tempo fora do tempo do "Era uma vez", onde infinitamente variam e se repetem as possibilidades criadoras de transformações, a experiência de valores humanos, a experiência de modos de funcionamento da percepção e da afetividade, a experiência de integridade, a experiência crítica, presentes na reunião de um grupo de pessoas envolvidas por uma qualidade singular de relacionamento.

Então, olhando a paisagem de meu objeto de estudo por essa janela, posso começar a compreender a importância da arte de contar histórias, buscando pistas para fundamentar a intenção desse trabalho, como diretriz para a pesquisa e prática dessa arte.

Em seguida me pergunto: o que é preciso aprender, que tipo de preparação é necessária para que a intenção, os objetivos e o efeito dessa arte possam se concretizar durante a ação de contar histórias?

Pergunto também aos educadores e contadores de histórias que me acompanharam até aqui: como é a janela pela qual você vê a paisagem da arte narrativa? Que experiências fazem parte de sua janela? Como se dá, em seu entendimento, o processo de buscar sua intenção ao trabalhar com a arte da palavra?

A janela foi útil até aqui para emoldurar um quadro de referências.

Agora é preciso voltar ao portal, pois, ao atravessá-lo, posso andar pelos domínios da paisagem — *estar lá* — respirando seus ares, deixando-me conduzir pelo movimento de seus encantos.

No próximo capítulo vamos ao encontro dessa paisagem.

2.

PASSEIO DENTRO DA PAISAGEM

A AVENTURA DE CHU

Dois amigos viajavam juntos. Um se chamava Meng, o outro se chamava Chu. Eles iam sempre em frente, na direção do sol nascente, com uma sacola nos ombros e os pés na poeira do chão.

Um dia, quando atravessavam uma floresta, viram que logo ia desabar uma tempestade. Procuraram abrigo e viram ao longe um velho templo em ruínas. Correram para lá e foram recebidos por um velho monge muito sorridente. O monge lhes disse:

— Amigos, quero que vocês me acompanhem até a sala do fundo do templo. Lá está representada uma obra de arte como não existe outra igual. Venham ver o bosque de pinheiros que está pintado na parede do fundo do templo.

Ele se virou e foi devagar arrastando seus chinelos. Os dois amigos o seguiram e logo, quando chegaram à última sala, ficaram maravilhados. De fato era uma magnífica obra de arte. Eles começaram a andar desde o começo da pintura, observando as árvores de todos os tamanhos e tons de verde. Perceberam que além dos pinheiros havia outras figuras, montanhas ao fundo, um sol dourado iluminando o céu, jovens em grupos, em pares, conversando, colhendo flores. Chu ia na frente e quando chegou bem no meio da parede, parou. Ali estava uma jovem tão linda que o deixou boquiaberto. Ela era alta, elegante, os olhos negros pareciam duas jabuticabas, a boca era como uma cereja madura, ela tinha uma cesta no braço, colhia flores e seus cabelos eram longos e negros, penteados em duas grossas tranças até a cintura. Chu apaixonou-se imediatamente por ela e ficou ali parado contemplando cada detalhe daquela jovem tão bela.

Ele não sabe quanto tempo ficou ali, até que de repente sentiu como se estivesse flutuando, seus pés não tocavam o chão. E não era mais o barulho da chuva no teto do templo que ele escutava, mas o som do vento nos pinheiros. Olhou à sua volta e viu um sol dourado iluminando o céu, ouviu vozes e percebeu que eram das jovens que ele tinha visto pintadas na parede. Foi então que se deu conta de que estava dentro do quadro.

Quando se refazia do susto, viu aquela jovem de quem ele tinha gostado um pouco mais adiante. Ela olhou para ele, sorriu, jogou as tranças para trás e saiu correndo. Ele foi atrás dela até que a jovem chegou a um jardim cheio de pequenas flores coloridas, que ficava em volta de uma casa toda branca. Ela atravessou o jardim e parou diante da porta. Quando Chu se aproximou, eles entraram e ficaram parados um diante do outro, bem no meio daquele aposento todo rodeado de papel branco.

Eles se abraçaram e Chu sentiu que amava aquela jovem havia muitos e muitos séculos. Eles foram para a cama e na manhã seguinte eram marido e mulher. A jovem se levantou e foi pentear seus longos cabelos, mas agora não fez as duas tranças, e sim um coque na nuca, como era o costume das mulheres casadas. Enquanto conversavam, ouviram barulhos estranhos lá fora, passos pesados, sons de correntes. A jovem ficou pálida e fez um sinal para Chu não dizer nenhuma palavra. Foram até uma fresta da porta e espiaram lá fora.

Viram um ser descomunal, inteiramente vestido com uma armadura de ferro. Com olhos ameaçadores, ele carregava nas mãos chicotes, grilhões e correntes. Ele disse para as jovens do quadro que estavam à sua volta, apavoradas:

— Afastem-se. Sei que há um ser humano entre nós, não adianta esconder. Agora vou vasculhar dentro da casa, tenho certeza de que ele está lá.

A jovem ficou mais pálida ainda e disse:

— Chu, depressa, esconda-se embaixo da cama, não há tempo para mais nada.

Chu mal teve tempo de correr para debaixo da cama quando viu que a porta se abriu e duas pesadas botas entraram para dentro do quadro.

Enquanto isso, Meng olhava o quadro e deu por falta do amigo; perguntou ao velho monge onde ele estava e o velho monge respondeu:

— Ele não foi muito longe, não.

Batendo com os dedos na parede, chamou:

— Sr. Chu, por que está demorando tanto? Seu amigo está impaciente, vamos, volte logo!

Nesse momento, Chu foi saindo de dentro da parede.

— Onde você esteve? — perguntou Meng.

— Eu não sei — disse ele. — Eu estava embaixo da cama, ouvi um barulho como de mil tempestades, saí para ver o que era e estou aqui.

Os dois amigos voltaram a olhar o quadro desde o começo para se despedirem dele. Chu ia na frente e quando chegou no meio da parede, aquela jovem estava lá. Alta, elegante, os olhos como duas jabuticabas, a boca parecia uma cereja madura, ela colhia flores. Mas seus cabelos não estavam mais penteados em tranças, *agora eles formavam um coque na nuca, como era o costume das mulheres casadas.*

Os dois amigos desceram as escadarias do templo em silêncio. A chuva já tinha parado lá fora e eles se foram sem dizer nenhuma palavra, pois ainda tinham uma longa viagem para fazer.

Escolhi o conto de Chu que recolhi num dos livros do autor francês Henri Gougaud[1] para introduzir o passeio pela paisagem de uma história, pois ele traz ressonâncias importantes para orientar a reflexão que realizarei neste capítulo.

O conto de Chu traduz para mim, entre outras coisas, a imersão na experiência de apreciação estética. Um viajante é alguém que busca conhecimento. Conhecer, na experiência de Chu, envolve o chamado amoroso, a aventura e o mistério.

Transpondo o limite da observação objetiva, mergulhando no quadro, Chu tem uma vivência de transformação. Quando reinicia sua viagem, não é mais o mesmo homem que entrou no templo. Do ponto de vista de seu olhar, a jovem não está mais de tranças.

Dentro do quadro, Chu viveu uma experiência importante. Percorreu sua própria história enquanto a concebia passo a passo, deixando-se conduzir pelas imagens da paisagem e pela disposição amorosa de encontro com o misterioso desconhecido.

O contador de histórias, como Chu, também recebe o aventuroso convite do conto para passear por sua paisagem. Através desse passeio, também se transforma. Deixando-se conduzir pelas imagens do conto e pela disposição amorosa de encontro com o desconhecido, percorre ao mesmo tempo a paisagem de suas imagens internas.

A experiência da história, assim como a apreciação estética do quadro, é singular e inquestionável: depende do momento da história pessoal de cada espectador, é sempre uma conversa entre dois reinos de imagens; o reino de imagens presente na obra de arte e o reino de imagens que constitui a experiência de mundo de quem entra em contato com essa obra.

O conto de Chu me faz pensar no que pode ser uma imersão na paisagem da história.

O conto do carpinteiro,[2] que relato a seguir, revela-me qualidades particulares desse percurso: os passos de preparação e realização de uma aprendizagem artística a partir de determinada intenção.

Era uma vez um mestre carpinteiro que fazia objetos de madeira tão belos a ponto de o imperador lhe perguntar qual o segredo de sua arte.

— Alteza — disse o carpinteiro —, não existe nenhum segredo. Mas eu posso lhe relatar como eu trabalho. É assim que começo: quando vou fazer uma mesa, primeiro reúno minhas energias e trago minha mente para a quietude absoluta. Desconsidero qualquer recompensa a ser ganha ou fama a ser adquirida. Quando estou livre das influências de todas essas considerações exteriores, posso escutar a voz interna que me diz claramente o que devo fazer.

Quando minhas habilidades estão assim concentradas, pego meu machado. Asseguro-me de que ele esteja bem afiado, que se adapte à minha mão e balance com meu braço. Então eu entro na floresta.

Procuro a árvore certa: aquela que está esperando para se tornar minha mesa. E quando a encontro, pergunto: "O que você tem para mim e o que eu tenho para você?".

Então corto a árvore e começo a trabalhar. Eu me lembro de como meus mestres me ensinaram a coordenar minha habilidade e meu pensamento com as qualidades naturais da madeira.

O imperador disse:

— Quando a mesa está pronta, tem um efeito mágico sobre

mim. Não posso olhar para ela como olharia para qualquer outra mesa. Qual é a natureza dessa mágica?
— Majestade — disse o carpinteiro —, o que o senhor chama de mágica vem apenas disso que acabo de lhe contar.

De que é feita a preparação do carpinteiro?
De um exercício de contato passo a passo com recursos internos e externos necessários para a concretização de seu propósito.
A concentração silenciosa é o primeiro passo em que o carpinteiro reúne suas habilidades internas em torno da intenção que orienta seu trabalho. O exame das ferramentas disponíveis pressupõe o conhecimento de recursos externos que devem ser adequados para poder fazer sua mesa. Sobre esses dois tipos de recursos falaremos nos próximos capítulos. Por enquanto, vamos nos deter no momento em que o carpinteiro pergunta à árvore: "O que você tem para mim e o que eu tenho para você?".
A conversa que o contador se dispõe a estabelecer com a história tem a mesma natureza dessa pergunta do carpinteiro. Ele também se dirige ao conto perguntando-lhe: "História, o que você tem para mim e o que eu tenho para você?".
Por meio dessa metáfora, enuncio agora o que pretendo caracterizar como a conversa significativa do contador de histórias com um conto determinado. E como essa conversa realiza um encontro dentro da paisagem da história, que se traduz em aprendizagem básica para a arte de narrar.
Neste capítulo há muitas metáforas, solicitando os leitores a participar o tempo todo da elaboração dos conteúdos apresentados, como um imperativo convite. Uma metáfora é por natureza imagem e significado, sentidos e razão, intuição e imaginação, poesia e pensamento. Para compreender uma metáfora é preciso perceber e articular, é necessário significar.

ESTUDO CRIADOR DO CONTO

"O que você tem para mim?"
O estudo da sequência narrativa: o trem, sua locomotiva e seus vagões

Uma história é uma ideia narrativa em desenvolvimento. Assim como um trem tem uma locomotiva que puxa todos os outros vagões a ela ligados, também a história tem um núcleo inicial a partir do qual se desenvolve até o desfecho. Uma necessidade, dificuldade ou busca, um rapto, tarefa ou desafio, são núcleos possíveis, ideias locomotivas que abrem a sequência narrativa.

A metáfora do trem é útil para pensarmos a história como uma unidade, uma forma que é um todo — o trem — constituído de partes distintas, cada uma com sua peculiaridade — os vagões —, todas ligadas umas às outras formando a sequência narrativa.

Podemos acompanhar a história que relato a seguir e desvendar um modo de estudá-la a partir dessa metáfora do trem.

O PRÍNCIPE ADIL E OS LEÕES

Muito tempo atrás, longe daqui, vivia um rei que tinha um filho de quem ele gostava muito e que se parecia com ele quando era jovem. Um dia, o rei Azad disse ao grão-vizir:

— Vamos levar meu filho à cova do leão e dizer-lhe o que se espera dele, agora que completou dezoito anos.

O príncipe Adil foi chamado à presença do rei e o grão-vizir assim lhe disse:

— Alteza, sempre foi costume nesta nobre família que o herdeiro do trono, na idade que você tem agora, passe por certo teste. Isso é para que fique estabelecido sem nenhuma dúvida se o prín-

cipe está apto ou não a ser o futuro governante de nosso povo. Venha conosco e lhe mostraremos que prova é essa.

O príncipe seguiu seu pai e o grão-vizir até uma grande porta na parede de uma cova rochosa. Havia uma pequena grade na porta, através da qual se podia ouvir o ruído de um leão.

— Veja, meu filho — disse o rei alisando a barba —, aí dentro está um enorme leão. Você deve lutar com ele e subjugá-lo, com uma adaga e uma espada. Você pode fazer isso quando quiser. Todo homem de nossa família teve que passar por este teste antes de herdar o trono.

O príncipe olhou pela grade e empalideceu, pois o que ele viu foi um leão de fato muito grande, andando de um lado para outro numa caverna cheia de ossos. O animal tinha uma juba espessa e dentes brancos e afiados. De vez em quando ele franzia o nariz, arreganhava os dentes e dava um rugido horripilante.

— Lutar? Subjugar? Matar essa coisa? Como poderei fazer isso? O máximo que consegui até hoje foi matar um veado ou mandar um falcão caçar um pássaro. Tenho certeza de que um leão desse tamanho e com toda essa força está além de minhas possibilidades — dizia o príncipe quase sem voz.

— Não tenha medo — disse o grão-vizir. — Você não precisa fazer isso agora. Um dia você poderá enfrentá-lo, quando se acostumar com a ideia. Pela graça de Alá, você vai encontrar a confiança necessária quando tiver pensado um pouco sobre o assunto. Todos os seus antecessores o fizeram.

O rei sorriu e fez um sinal para que um escravo jogasse um pouco de carne para o leão, que a devorou com satisfação.

Depois disso os dias se passaram e, embora o rei continuasse tratando seu filho tão gentilmente quanto antes, Adil sentia que sua tarefa pesava sobre ele e que seu pai devia estar ansioso para que ele matasse o leão imediatamente. Ele não conseguia sentir prazer em nada, pensando no que tinha que fazer.

Uma noite, depois de virar-se e revirar-se na cama sem conseguir dormir, ele se levantou. Vestiu-se, encheu uma bolsa com muitas moedas de ouro e foi até os estábulos reais. Acordou seu escudeiro e pediu-lhe que selasse seu cavalo favorito e que dissesse ao rei que ele ia fazer uma viagem.

A lua brilhava no céu e o príncipe se foi, sem olhar para trás, buscando uma resposta para seu problema.

Na manhã seguinte, chegou à beira de um rio com prados verdejantes dos dois lados. Enquanto o cavalo bebia água, ele ouviu o som de uma flauta e logo em seguida avistou um jovem pastor levando carneiros para o pasto. Adil perguntou-lhe se ali por perto havia algum lugar onde pudesse ficar uns dias. O pastor levou-o ao seu patrão, um homem rico que morava numa casa muito grande nas redondezas.

Lá, o homem, que se chamava Haroun, convidou Adil para jantar e perguntou-lhe:

— De onde você vem e como estão seus rebanhos?

O príncipe respondeu com evasivas, dizendo que tivera certos problemas em casa que o obrigaram a viajar. Disse também que estava buscando uma resposta para uma questão pessoal, pedindo ao velho homem que não lhe perguntasse mais nada.

Imediatamente Haroun disse que Adil poderia ficar em sua casa quanto tempo quisesse e que ali estivesse à vontade. Seu cavalo foi levado ao estábulo, e o príncipe pensou que gostaria de ficar um longo tempo naquele espaço tão tranquilo.

A cada dia descobria um lugar encantador onde se podia ouvir o som de flautas dos pastores, que naquela área eram inúmeros, pois aquela era a Terra dos Tocadores de Flauta Celestiais.

Acontece que uma noite, horrorizado, o príncipe ouviu rugidos de leões, não longe da casa, e contou a Haroun na manhã seguinte.

— Ah, sim — respondeu ele calmamente. — Este lugar está infestado de leões. Eles caçam à noite, fico surpreso que você ainda não os tivesse escutado. Por isso temos este muro em volta do jardim, senão eles já teriam levado toda a minha família.

E ele ria com gosto, como se tivesse dito uma piada.

O coração do príncipe encheu-se de medo. Assim que preparou seu cavalo para partir, despediu-se de Haroun agradecendo sua hospitalidade e mais uma vez pôs-se na estrada, cavalgando o mais rápido que podia.

À medida que viajava, foi deixando para trás os vales e foi surgindo à sua frente uma árida planície arenosa, onde não se via um único tufo de grama. O cavalo avançava com dificuldade, enfrentando o vento que de vez em quando levantava nuvens de poeira seca. Adil sabia que precisava logo encontrar água para ambos. Em silêncio rezou para que na próxima duna surgisse um acampamento de beduínos ou um oásis pequeno.

Como resposta à sua oração, ele viu no horizonte uma fila de tendas negras. Vários guerreiros se aproximaram, suas armas reluzindo ao sol, e o saudaram gritando "Asalaamawaliekum!". Eles o escoltaram até o sheik, que o recebeu calorosamente, dizendo-lhe que tinha muita honra em tê-lo como hóspede e que ele poderia ficar ali quanto tempo desejasse.

Depois de uma deliciosa refeição de carneiro cozido, arroz com especiarias, figos e tâmaras maravilhosamente doces, o sheik perguntou a Adil que ventos o levavam naquela direção.

— Não me pergunte mais nada — disse o príncipe. — Basta que você saiba que deixei minha casa com um problema, que espero resolver tendo me ausentado da terra de meu pai até me sentir mais seguro de minha situação.

O sheik inclinou a cabeça, alisou a barba e deu uma baforada no cachimbo.

— O tempo nos dá todas as respostas — murmurou —, se pudermos ser pacientes.

O príncipe sentiu que poderia ficar para sempre naquele lugar, *onde durante o dia respirava o ar fino e fresco do deserto, caçando antílopes e comendo fartas comidas na companhia do sheik.*

Mas um dia, depois de duas semanas de tranquilidade, o velho sheik lhe disse:

— Meu filho, meu povo e eu gostamos de você e admiramos o modo como se juntou a nós em nossos divertimentos. Mas somos guerreiros e temos que lutar com outras tribos. É necessário muita bravura pessoal para a nossa sobrevivência, por isso gostaríamos de submetê-lo a um teste onde pudéssemos ter uma evidência de seu valor. Há duas milhas ao sul dessa área está uma cadeia de montanhas infestada de leões. Levante-se cedo amanhã, e depois da oração do alvorecer, pegue o melhor de nossos cavalos e, com uma lança e uma espada, mate um destes animais. Depois disso, arranque sua pele e traga-a para nós. Assim terá provado sua valentia.

O rosto do príncipe Adil tornou-se branco como cera e enquanto dizia boa-noite ao sheik, tomado pelo medo, tinha certeza de que não poderia enfrentar aquelas criaturas selvagens.

— Deus do céu — ele dizia quando abandonou o acampamento antes da última refeição da noite —, parece que encontro leões em qualquer lugar para onde vou. Não posso entender... afinal, saí de casa justamente para evitá-los.

Viajou muito tempo pela noite estrelada. De manhã chegou a uma bela região onde as flores selvagens cresciam nas montanhas. Avistou ao longe um magnífico palácio, o mais belo que ele jamais vira. Era feito de uma pedra rosada, com colunas de lápis-lazúli e balcões de madeira esculpida e pintada de várias cores. Havia fontes nos jardins à sua volta, pássaros que cantavam em árvores cheias de flores, muitos pavilhões cobertos de jasmins e rosas docemente perfumadas.

— De fato, parece um paraíso na terra! — disse Adil para si mesmo enquanto se aproximava do palácio.

Nos portões, guardas levaram-no a um quarto de hóspedes, onde tomou banho e vestiu roupas limpas, ajudado por servos sorridentes.

Depois foi conduzido à presença do emir, um homem de barbas cinzentas que lhe perguntou o que o trouxera ali. Junto dele estava sua filha, a princesa Peri-Zade, que tinha lindos olhos amendoados e um cabelo negro como a cauda de um pássaro.

— Minha situação é tal que não posso falar dela — tentou responder o príncipe, evitando olhar para a adorável Peri-Zade, por quem ele tinha imediatamente se apaixonado. — Eu deixei meu país porque tinha um problema para resolver.

— Eu entendo — disse o emir balançando a cabeça.

E começou a falar de outros assuntos.

Depois da refeição, o emir mostrou a Adil o palácio por dentro, em toda a sua magnificência. Escadas de mármore levavam a vários aposentos, forrados com móveis de madeira de várias partes do mundo. As paredes e o teto eram cobertos de mosaicos de turquesa, ouro, afrescos e espelhos. As janelas eram de vidro transparente pintado em cores delicadas, e os tapetes, macios como seda, tão bem tecidos e mostrando paisagens tão harmoniosas que quase não pareciam ter sido feitos por mãos humanas.

O emir o levou finalmente a seu quarto para que ele descansasse e lhe disse que ficasse ali o quanto lhe fosse possível ficar. Sozinho, olhando todo aquele esplendor à sua volta, Adil pensou que naquele lugar ele poderia ficar o resto de sua vida.

Muitos dias se passaram. A princesa Peri-Zade encantava-se em poder mostrar ao príncipe os jardins em várias horas diferentes. Um dia, ao entardecer, ele a ouvia cantar e tocar alaúde com extrema graça e perfeição. Foi então que escutou um som que o arrepiou dos pés à cabeça.

— Pare — ele gritou. — Que barulho foi esse?

— Não ouvi nada — ela respondeu um pouco aborrecida com a interrupção.

E continuou a tocar.

— Foi ali, perto daqueles arbustos. Parecia o rugido de um leão.

Ela sorriu e lhe disse:

— É apenas Rustum, nosso guardião, como o chamamos. É o animal de estimação de toda a corte. A esta hora ele vigia nossos jardins. Eu o conheço desde que era um filhotinho e à noite ele dorme à porta do meu quarto.

Nessa noite, completamente cheio de medo, o príncipe quase não tocou na comida. Quando subiu as escadas acompanhado pelo emir, teve vontade de sair correndo ao ver o enorme leão parado à porta de seu quarto.

— Veja que honra — disse o emir. — O bom Rustum está esperando para levá-lo para a cama! Ele não faz isso com muita gente, não. Apenas se aborrece se vê que alguém tem medo dele. Mas de fato é extremamente manso.

— Eu tenho medo dele — sussurrou o príncipe —, realmente tenho muito medo.

Mas o emir pareceu não escutá-lo e se despediu deixando Adil com o leão. O príncipe abriu a porta e o mais rápido que pôde fechou-a atrás de si.

Não conseguiu dormir a noite inteira. Quando se levantou pela manhã, começou a pensar que seria melhor voltar para casa. Havia tantos leões em seu caminho que seria melhor lutar com o leão na cova e acabar logo com isso, em vez de ficar fugindo a vida toda. Foi até o emir e lhe disse:

— Peço permissão para partir e enfrentar meu próprio problema à minha maneira, ou então nunca estarei em paz comigo mesmo. Sou um covarde e quero deixar de sê-lo, em honra do meu pai. Sou o filho do rei Azad e fugi do dever que todos os homens de minha família devem realizar. Estou envergonhado e sei que nunca poderei pedir a mão da princesa Peri-Zade enquanto não encarar meu destino e lutar com o leão naquela cova.

— Muito bem falado, meu filho — disse o emir. — Desde o primeiro momento eu soube quem você era, pois se parece muito com seu pai quando jovem. Sempre respeitei e admirei o rei Azad. Vá, lute com o leão e eu lhe darei minha filha em casamento.

O príncipe montou em seu cavalo e galopou até o acampamento das tendas pretas.

— Bem-vindo, príncipe Adil — disse o sheik beduíno, conheci seu pai quando tínhamos ambos a idade que você tem agora. Pude saber quem você era pela enorme semelhança que tem com ele, aliás, maior agora do que no dia em que você chegou aqui.

Adil contou-lhe sobre sua intenção ao voltar para casa, o que agradou muito ao sheik.

Depois de descansar aquela noite, o príncipe seguiu viagem e descobriu no caminho que estava com muita saudade da casa, com leão e tudo. Mal podia esperar para dizer a seu pai que estava preparado para enfrentar aquela criatura dentro da cova.

Logo chegou à Terra dos Tocadores de Flauta Celestiais. Quando encontrou o dono daqueles campos no pátio de sua casa, lhe disse:

— Quando cheguei aqui pela primeira vez era um covarde. Agora estou pronto para lutar e fazer o que meus antepassados fizeram, seja qual for o resultado. Tenho confiança em Alá, o Compassivo.

— Que assim seja — disse o velho homem. — Eu sabia que você, sendo o verdadeiro filho de seu pai, que foi meu companheiro quando estudamos juntos, no tempo certo iria enfrentar suas dificuldades. Vá, e que Alá esteja com você!

Algum tempo depois, Adil chegou a seu reino e pediu imediatamente ao grão-vizir para levá-lo à cova do leão. O velho rei abraçou-o muito feliz e os três se dirigiram para a caverna.

A espada e a adaga que o príncipe carregava brilhavam ao sol. Então um escravo abriu a enorme porta e Adil entrou corajosamente. O leão começou a rugir, levantou-se e andou na direção do príncipe com sua enorme mandíbula aberta. O príncipe olhou para aquele animal sem medo, armas na mão, enquanto o rei, o vizir e o escravo ficaram em silêncio, observando. O leão deu outro rugido, mais forte que o anterior, e chegou perto dele. Então, para o espanto do príncipe, o monstro pôs-se a esfregar a cabeça contra seus joelhos e lambeu suas botas como um cão amestrado.

— Agora você pode ver — disse o grão-vizir — que este leão é tão dócil como um escravo dedicado e não faz mal a ninguém. Você passou no teste por ter entrado em sua toca. A prova de seu valor está completa. Agora você é digno de ser nosso futuro rei. Louvado seja Alá.

O jovem mal podia acreditar no que tinha acontecido, e quando saiu dali, o leão foi junto com ele, andando a seu lado, até que o escravo levou-o de volta para a cova.

Houve muita festa no palácio e no dia seguinte as comemorações se estenderam para cada casa na cidade. De acordo com a tradição, o rei distribuiu moedas de ouro e prata para o povo reunido no grande pátio real.

Adil contou a seu pai que queria casar-se com a princesa Peri-Zade e o rei mandou um emissário buscá-la.

Para Adil, pareceu uma eternidade o tempo que a comitiva demorou com sua amada. Ela veio acompanhada de parentes e amigos, todos vestidos com as mais belas roupas de casamento. Até o fim de seus dias o príncipe guardou na memória a visão que teve da princesa, quando ela chegou cavalgando um cavalo branco árabe, envolvida em roupas da mais pura seda e joias de beleza inigualável.

As festividades do casamento duraram sete dias e sete noites.

Eles foram muito felizes, e quando Adil tornou-se rei, fez uma inscrição com letras de ouro no chão de seu quarto de estudos particular, que dizia:

NUNCA FUJA DE UM LEÃO.[3]

Quando pergunto ao conto (do mesmo modo como o carpinteiro perguntou à sua árvore): "O que você tem para mim?", o conto poderia responder: "Em primeiro lugar, tenho para você uma sequência narrativa".

Para iniciar uma primeira aproximação ao conto a ser estudado podemos indagar como se constitui essa sequência, buscando estabelecer, depois de uma primeira leitura, como seria o trem dessa história, qual sua locomotiva e seus vagões. É um exercício de *síntese* e *articulação*. Cada parte, da primeira à última, liga-se às outras, e identificar cada parte é encontrar a questão narrativa que a define em relação às demais. Nesse exercício percorremos o trajeto que conduz a história, os espaços e lugares em que os personagens agem, delimitando antes de mais nada as zonas de ação, contextos de significação.

Podemos dizer que essa história começa com um príncipe sendo chamado pelo rei seu pai, que lhe propõe uma tarefa. Ele deve enfrentar um leão que está preso numa cova para provar que é digno de suceder o pai no trono. Essa é a questão central da primeira parte do conto, a locomotiva que faz com que a sequência narrativa se desenrole.

Nessa parte existem vários acontecimentos narrativos, como o fato de o rei comunicar ao grão-vizir a tarefa que pretende dar ao príncipe, a razão pela qual ele deve enfrentar o leão, a ida até o lugar onde fica a cova. Mas o que dá sentido a essa primeira parte do conto é a *tarefa* que o príncipe deve desempenhar para poder tornar-se rei. Assim, encontrar uma frase ou uma palavra para nomear esse momento do conto é um exercício de *síntese* em que se ressalta o acontecimento narrativo que abarca todos os outros, contendo o significado central da ideia narrativa.

Procedendo do mesmo modo com as outras partes, podemos identificar os demais vagões do trem da história, os outros núcleos de sentido da ideia em desenvolvimento. Da mesma forma como um trem pode descarrilar se um vagão for retirado, cada parte tem seu lugar e se liga à anterior e à parte que a sucede dentro da lógica do fio narrativo. Observando essas ligações, o contador faz também um exercício de *articulação*. De tal maneira que ao dividir uma história, nomeando com uma frase ou palavra cada uma de suas partes sucessivas, e sendo essa frase ou palavra uma síntese dos acontecimentos narrativos de cada parte, o contador poderá ter uma primeira aproximação do *trem* como um todo, feito de vagões articulados entre si.

Nas partes sucessivas do conto do príncipe Adil, podemos estabelecer o trem da história. Notem bem: trata-se apenas de *uma* possibilidade de roteiro.

1. A tarefa: o príncipe é chamado a enfrentar o leão para poder tornar-se rei.
2. O príncipe tem medo, abandona o palácio e afasta-se para encontrar um modo de vencer o medo.
3. Chega a uma casa de campo onde é recebido pelo senhor do lugar e sente-se seguro até ouvir rugidos de leões nas redondezas.
4. Parte novamente até encontrar um sheik beduíno que o recebe com seus guerreiros em suas tendas no deserto. Outra vez aparecem leões.
5. Sai desse lugar e encontra um palácio magnífico em que se apaixona pela filha do emir que governa esse palácio.
6. Diante do leão que surge outra vez nesse palácio, decide voltar para casa e enfrentar o leão que lá está, para poder ser digno de casar-se com a filha do emir.

7. Volta para casa, passando pelos mesmos lugares e, ao enfrentar o leão, descobre que ele é manso.
8. Vencida a prova, casa-se com a princesa e finalmente torna-se rei.

Elaborando essa possibilidade de roteiro, podemos compreender, de modo significativo, o desenrolar da ideia narrativa. É importante ressaltar que esse não é o *roteiro* do conto, mas apenas um exemplo de sequência, fruto de *determinada* experiência de leitura. Cada pessoa que estudar esse conto pode encontrar um roteiro x ou y.

Como trabalho de leitura numa sala de aula, pode haver tantos roteiros quantos alunos o realizarem e, de acordo com os propósitos do professor, exercícios sucessivos feitos em grupos podem levar a diferentes sequências, com a finalidade de trocas e desafios de escuta, experiências de reescrita e muitas outras possibilidades.

As estratégias de elaboração desse roteiro podem ser muito variadas. Ele pode ser escrito com frases e depois palavras, o trem pode ser desenhado ou construído em três dimensões, pode-se encontrar uma imagem síntese para cada vagão ou objetos que os representem. Além de um exercício de compreensão inicial, trata-se também, no caso do contador de histórias, de um exercício de memorização.

A metáfora do trem é eloquente para a compreensão da unidade do conto como forma narrativa e possibilita o exercício de imagens internas: a visão particular que cada pessoa tem de seu trem e o modo como vivencia suas próprias sínteses e articulações em diversas tentativas de pensar poeticamente. É preciso criar uma forma coerente que dê conta do começo, desenvolvimento e finalização da ideia narrativa. Mas o modo de pensar configura-se em criação poética a partir do repertório particular de imagens de cada um.

Com alunos, o número de trens possíveis é incomensurável, sem contar que a observação que podem fazer dos trens de cada um é em si mesma um exercício perceptivo que acrescenta, amplia e aprofunda a compreensão que podem ter do conto estudado.

É como se até aqui tivéssemos obtido um arcabouço, um esquema do conto, sua estrutura. Assim como um artista do Renascimento teria elaborado um quadro: primeiro o esquema compositivo, as linhas por dentro das formas, a organização do espaço por dentro da cena que aparece diante de nossos olhos ao contemplarmos o quadro. O que vemos é a Madona e o menino, o que está por dentro é o desenho compositivo de linhas e formas por baixo da pintura, a estrutura da obra.

A partir desse momento a aproximação seguinte é pintar o quadro: com suas cores, roupas, objetos, cheiros, texturas e luzes.

"O que eu tenho para você?"
A experiência dos climas do conto: ritmo e pulsação

Começamos agora a observar as qualidades que distinguem cada parte do conto e que se manifestam nas descrições dos elementos que as compõem. Aqui os adjetivos desempenham uma função importante.

Primeiro os adjetivos que qualificam os elementos explícitos no conto: um lugar aprazível, um deserto árido, um palácio magnífico, uma cova ameaçadora.

Depois as qualificações que são nomeadas por nós em nossas conversas com a história. Identificar o clima de cada parte do conto é ao mesmo tempo perguntar "o que você tem para mim?" — o que está dito nas palavras do conto — e "o que eu tenho para você?" — ou seja, a percepção de como estas descrições ressoam em nossa experiência de leitura, qualificando cada parte com base nessa experiência pessoal.

Como é um clima de *tarefa*?

O que é *tarefa* no conto — "o que você tem para mim?" — e o que significa *tarefa* para mim — "o que eu tenho para você?" —, a partir de uma experiência pessoal.

Como é o clima do encontro amoroso do príncipe com a princesa? É rápido ou lento, aberto ou fechado, luminoso ou escuro, confuso ou claro, leve ou pesado, que movimentos corresponderiam a essas qualidades, que sons as expressariam?

Experimentar essas qualidades, sempre como fruto dessa conversa entre imagens do conto e nossas imagens internas, é um exercício de ir "colorindo" a história, trazendo à tona a variedade de tonalidades, brilhos, ênfases, nuances, o movimento vivo, o *ritmo* da narrativa.

O clima de cada parte da história é resultante de um conjunto de elementos narrativos, animados por determinada *pulsação*. A pulsação da aventura é diferente da pulsação do amor, que é diferente da pulsação do medo ou do mistério e assim por diante. O ritmo ou movimento da sequência narrativa é uma sucessão de diferentes climas, que caracterizam o modo como uma história *respira*. Viver uma história é respirar junto com ela. Dar vida a uma história é deixar-se conduzir pelas sucessivas mudanças em sua e em nossa respiração.

É como se a história tivesse um coração, que bate num pulso, num compasso diferente a cada momento.

No conto do príncipe Adil, o espaço da experiência amorosa é descrito por meio de um conjunto de imagens que compõem o clima dessa experiência:

> [...] magnífico palácio, o mais belo que ele jamais vira. Era feito de uma pedra rosada, com colunas de lápis-lazúli e balcões de madeira esculpida e pintada de várias cores. Havia fontes nos jardins à sua volta, pássaros que cantavam em árvores cheias de

flores, muitos pavilhões cobertos de jasmins e rosas docemente perfumadas.
[...] um paraíso na terra.
[...] tomou banho e vestiu roupas limpas, ajudado por servos sorridentes.
[...] a princesa Peri-Zade, que tinha lindos olhos amendoados e um cabelo negro como a cauda de um pássaro.
[...] o palácio por dentro, em toda a sua magnificência. Escadas de mármore [...] móveis de madeira de várias partes do mundo. As paredes e o teto eram cobertos de mosaicos de turquesa, ouro, afrescos e espelhos. As janelas eram de vidro transparente pintado em cores delicadas, e os tapetes, macios como seda [...]
[...] Sozinho, olhando todo aquele esplendor à sua volta, Adil pensou que naquele lugar ele poderia ficar o resto de sua vida.

O clima dessa parte da história é feito do espaço simbólico (palácio), da beleza dos recantos, de elementos da natureza, da descrição da princesa, da nobreza do material dos objetos no interior do palácio, do frescor de um banho e roupas limpas, da variedade de adjetivos que qualificam esse conjunto: magnífico, belo, docemente perfumadas, servos sorridentes, cores delicadas, transparente, macios como seda.

Como pulsam essas descrições, essas qualidades, na experiência interna do contador de histórias? Para que sua voz expresse esse clima e dê vida a todos os seus elementos — às palavras com que vai relatar essa parte do conto — é preciso que ele experimente internamente o tom geral que anima essas palavras, o compasso/pulso desse momento da narrativa, traduzindo para si mesmo essas qualidades.

Como exercício, pode-se fazer um desenho com cores, linhas e formas que expressem essas qualidades. Pode-se fazer a dança ou os sons dessas qualidades.

Que movimentos correspondem a esse clima? Que música emana dele?

Procedendo dessa maneira com todas as partes do conto, o contador pode narrar a história para si mesmo num plano significativo de ressonâncias internas, experimentando a respiração contínua e variada da história, deixando que ela converse com ele, por dentro de suas entranhas, por assim dizer.

O contato com os diferentes climas enaltece as palavras do texto. Saltam do papel as diferentes ênfases, distinguem-se as qualidades, delineiam-se os propósitos narrativos, afirmam-se as diversas intenções, aprofundam-se as significações. O texto deixa de ser uma sucessão de palavras no espaço do papel e passa a habitar o narrador, ou o leitor, constituindo um mundo de infinitas melodias. São essas sonoridades que emanam da experiência interna do narrador, as que conduzem os ouvintes e os convidam a percorrer a história que está sendo contada, permitindo que eles também respirem junto com ela.

"O que vocês têm para mim e o que eu tenho para vocês?"
Estudo dos personagens

Os espaços do conto são os lugares significativos em que se desenrolam as ações vividas pelos personagens. Depois de passear pelos climas de cada parte da história, vamos encontrar agora os agentes da trama, continuando a percorrer o mesmo conto que nos serviu de guia até agora.

A aproximação de cada personagem é também uma conversa, que segue o mesmo princípio orientador da compreensão significativa dos espaços. É importante observar: a) o que qualifica um personagem dentro da trama, buscando dados no texto e, ao mesmo tempo, b) como cada personagem ressoa na experiência pessoal de quem se aproxima dele.

No conto de Adil, o rei seu pai é apresentado como um verdadeiro rei, isto é, ele ocupa uma posição que foi também conquistada pelos outros reis que o antecederam, mediante um teste ao qual todos foram submetidos, o mesmo proposto no início da história ao príncipe Adil. Um rei ocupa um lugar na hierarquia social, ao qual corresponde uma função. Esse é um dos planos contidos na história. Depois veremos que em outro plano de compreensão o personagem do rei ocupa um lugar simbólico, do qual falaremos mais adiante.

O rei está no centro do agrupamento social e sua função é governar o reino, cuidando de seus súditos: administrando os bens do reino, chefiando batalhas, defendendo fronteiras, presidindo tribunais e estabelecendo leis.

Então, que qualidades precisaria ter para poder exercer essa função?

Um rei deve ser justo, leal, magnânimo, equilibrado, compreensivo, corajoso, deve saber escutar. É possível enumerar uma lista de qualificações ou atributos da função real.

Seguindo o mesmo exercício de síntese realizado com relação aos espaços do conto, perguntamos agora: qual a qualidade que abarca todas as outras? Ou seja, que atributo funda essencialmente esse lugar ocupado pelo rei?

Tal posição só pode ser exercida por alguém capaz de servir incondicionalmente os interesses dos súditos que lhe confiaram o poder de representá-los, assegurando o bom funcionamento do reino como um todo. Assim, a qualidade essencial do rei é ser generoso, no sentido de que pode abrir mão de si mesmo em benefício de todos. Sua função é servir à coletividade. É nesse lugar em que não possui nada de seu que pode se realizar sua disponibilidade interna de estar a serviço dos súditos. É portanto essa qualidade que ordena e dá sentido a todas as outras qualificações atribuídas ao rei. É necessário um longo caminho de aprendizagem para conquistar esse lugar central.

É por essa aprendizagem que um príncipe precisa passar para poder ocupar a posição de rei. Um príncipe é alguém que está, portanto, a caminho de tornar-se rei: com seu cavalo e espada, avança, movimenta-se, lutando contra obstáculos, na direção de seu objetivo.

Desse percurso de aprendizagem fazem parte o risco, o desconhecido, o medo, a aventura, as dificuldades, as dúvidas, os desenganos, a ajuda de outros mais sábios que ele. Tudo isso faz parte da história do príncipe Adil. Está inicialmente medroso, ciente de sua incapacidade, mas ao mesmo tempo curioso. Movido pelo impulso de conhecer, ele se aventura, permeável às experiências do caminho. Essencialmente é um buscador de conhecimento necessário para a realização de sua tarefa. Afasta-se do problema para procurar, fora do reino conhecido, modos de compreender e vencer o medo.

Haroun é o rei do lugar em que vive. É hospitaleiro, receptivo, acolhedor, silencioso, sensível. Governa o espaço da terra fértil, dos tocadores de flauta celestiais; é sedentário, dono do lugar onde há beleza, abundância, fertilidade, tranquilidade. Sua qualidade essencial é a de ser receptivo.

O sheik beduíno é o rei do deserto, onde se move constantemente comandando guerreiros nômades, habitando acampamentos de tendas negras que não representam nenhum lugar fixo. Sua qualidade é a de ser aventureiro, sua direção reta, sua luta no sentido do desconhecido, da meta a ser alcançada.

O emir é o rei do palácio magnífico, o guardião da princesa por quem Adil se apaixona. É o grande senhor do espaço de riquezas e belezas incomensuráveis. É, portanto, poderoso, protetor, estável, atento, nobre, vigilante e, como os outros, silencioso, discreto com relação à identidade não revelada do príncipe. Sua qualidade essencial é a de guardião da princesa.

Peri-Zade é bela, terna, doce, melodiosa, companheira, sensível, inteligente, elegante, delicada, e poderíamos continuar a desfiar muitas outras qualidades que talvez desagradassem observadores menos atentos e mais grudados numa tendência crítica, nesse caso, equivocada. Explico: sempre que proponho num curso listarmos as qualidades da princesa, há muita resistência, principalmente de mulheres. O estereótipo hollywoodiano de um romantismo meloso associado à feminilidade está negativamente impregnado na imaginação das pessoas. O equívoco é pensar na princesa como uma mulher, como veremos mais adiante. Nesse momento, se conseguirmos detectar no texto esses atributos, sem juízo de valor, podemos dizer que a qualidade essencial da princesa é a de ser amorosa, pois é em torno do amor que se realizam as outras possibilidades que caracterizam essa personagem.

E o leão?

É temível, assustador, permanentemente incômodo, presente, desafiador e, ao final, dócil e inofensivo. Sua qualidade é ser desafiador à capacidade de aprender.

É possível investigar as qualidades desses personagens buscando o modo como são apresentados no texto e também, ao mesmo tempo, perguntando como cada um deles conversa com a pessoa que se dispõe a compreendê-los.

O que é esse rei para mim? O que é um guerreiro dentro de minha experiência pessoal? Que referências tenho do que poderia ser uma princesa? O que, na minha vida, identifico como "medo do leão"?

Durante o relato desse conto, vivemos todos esses personagens. É a percepção do modo como habitamos cada um deles em nossa paisagem de imagens internas que orienta a voz, o ritmo e a respiração com que narramos a história a cada vez...

Antes de parar para conversar com cada um deles, é comum as pessoas não se darem conta do quanto são diferentes, por exemplo, Haroun e o sheik beduíno. Ou então de permanecerem enredadas numa visão estereotipada da princesa, ou mesmo do príncipe Adil, e não encontrarem um nível mais profundo e, portanto, mais verdadeiramente significativo, de onde possam narrá-los.

Por isso, certos exercícios de aproximação têm o poder de revelar as peculiaridades dos personagens. Depois de listar seus atributos e passear pelas primeiras impressões que eles sugerem, podemos conversar com eles em outros planos significativos, por meio de analogias.

Como seria possível dançar cada personagem? Os movimentos de Haroun são diferentes dos do emir? De que maneira?

Numa floresta, que árvore seria o rei? O príncipe? A princesa?

Num espaço de papel, que linhas e cores representariam o sheik beduíno? O rei Azad?

Que objetos têm a ver com cada personagem?

Que conjunto de sons poderia remeter ao clima, à pulsação de cada um deles?

Esses são alguns exemplos de exercícios que visam à aproximação expressiva dos personagens, por meio de um contato sensível, corporal e intuitivo. Essa vivência tem como base tanto os dados que o texto do conto dispõe a respeito de cada personagem, como também as ressonâncias que despertam em quem deles se aproxima, revelando imagens internas que habitam nossa história pessoal.

É essa conversa que poderá produzir a autenticidade de cada narração. Se não vejo e significo em minha vida o príncipe Adil, como poderei contar sua história com vivacidade e verdade?

Até aqui, o trabalho de estudo dos personagens dirigiu-se a cada um deles em particular, relacionado ao espaço que ocupa em cada parte do conto. Mas todos têm uma posição dentro da trama, que é uma totalidade feita das ações relacionadas dos personagens entre si.

Portanto, podemos perguntar em seguida que lugar cada personagem ocupa no trem da história. Se pensarmos que os personagens ganham sentido uns em relação aos outros, caminhamos na direção de um plano significativo mais profundo.

Aventuro-me neste momento a investigar o conto do príncipe Adil num outro plano, tal como se apresentou para mim durante um período longo de estudo. É preciso esclarecer que, do ponto de vista de uma conversa significativa, o que enuncio a seguir não é uma explicação "do que o conto quer dizer", pois uma história não quer dizer nada. Ela revela a cada pessoa, em seu momento e em seu contexto, uma experiência particular de entendimento. Digamos que vou apresentar o que até agora essa história tem me contado, até onde pude compreendê-la, orientando o modo como a tenho narrado.

Alguns marcos de referência são necessários. Do ponto de vista do simbolismo tradicional, os personagens dos contos de tradição oral não são pessoas, mas configurações de possibilidades: figuram metaforicamente modos de ação da mente, da afetividade, da percepção e da intuição, tais como funcionam internamente, das mais variadas maneiras, em cada ser humano.

Então, em vez de considerarmos que o príncipe Adil — uma pessoa — encontra leões, um dono de terras, um guerreiro, um dono de um palácio e uma princesa — animais e pessoas — em seu caminho, podemos perguntar:

Se todos esses personagens são aspectos internos em ação dentro do ser humano, configurando um percurso de aprendizagem como um conjunto de relações, de que modo podemos conversar com essa história levando em consideração esse outro plano de significações?

Nessa perspectiva, a qualidade interna que busca conhecimento precisa vencer o medo do desconhecido, que se apresenta como obstáculo à conquista desse conhecimento. Desde o princípio da história de Adil, essa possibilidade é dada, pois existe de antemão o exemplo, a memória ancestral da centralidade, do caminho já trilhado — pelo rei seu pai e seus antepassados — para chegar a esse lugar. A memória exemplar é referência, mas ainda não é experiência. Trata-se de um importante sinal potencial, na forma de uma demanda, que confere impulso à busca de conhecimento. É preciso, portanto, movimentar-se dentro da experiência de buscar, reconhecendo, em primeiro lugar, o impedimento, a condição de despreparo, o medo.

O medo pode paralisar, mas a consciência do medo pode mobilizar a necessidade de aprender, tornando-o elemento instigador da busca.

"Recuar para melhor saltar", diz o ditado popular. Assim, a qualidade que busca conhecimento dentro do ser humano movimenta-se para fora do conhecido — Adil nunca antes tinha saído de seu reino — e entra em contato, primeiro, com a qualidade do acolhimento, da sensibilidade, da fertilidade, aprendendo com Haroun a experiência da receptividade. Todas essas qualidades caracterizam a ação do princípio feminino, que fertiliza simbolicamente o solo da aprendizagem humana. Para conhecer, precisamos ser capazes de escutar, de distender-nos, de acolher a curiosidade, arando a terra das potencialidades internas, percebendo sensivelmente o ambiente ao nosso redor, apoiando-nos nas raízes, na ação de semear, na disposição de receber.

Mas, sozinho, esse espaço não dá conta de um processo de conhecimento. Os leões se fazem presentes outra vez, alertando que a busca não terminou.

O próximo encontro é com o espaço onde atua o princípio masculino: a luta em terra árida e desértica, o companheirismo entre iguais, o movimento nômade, a direção, a meta. O que simbolicamente representa o princípio masculino é o movimento da seta, em oposição e complementaridade ao sedentarismo enraizado do princípio feminino.

A ação guerreira, a iniciativa, a determinação reta é um outro exercício que também, por si só, não constitui aprendizagem plena. Mais uma vez, os leões surgem trazendo a recordação da tarefa e a sinalização da incompletude da busca.

No próximo passo, dá-se a experiência amorosa, que realiza a união complementar do princípio feminino com o masculino. O estudo simbólico dos contos tradicionais identifica a princesa com a alma humana. No plano do simbolismo tradicional, o encontro do príncipe com a princesa concretiza o casamento do ser humano consigo mesmo, por meio da ação complementar entre atributos internos femininos e masculinos.

Ao mesmo tempo, a experiência amorosa abre as portas para o conhecimento. O amor que o príncipe Adil dedica à princesa Peri-Zade determina sua decisão de voltar para casa e enfrentar o leão — tarefa que o espera.

Parece que o sentido da busca se explicita por meio desse encontro amoroso. Adil descobre que o que ele mais deseja no mundo é unir-se à princesa, e isso só será possível se ele conseguir se livrar dos leões. O amor leva-o a conhecer o verdadeiro sentido de sua tarefa e a mobilizar força e determinação para cumpri-la.

É preciso notar que os espaços por onde se dá o trajeto do príncipe, assim como os personagens que os habitam, oferecem conjuntamente dados simbólicos que orientam a compreensão, num nível mais profundo, do que essa história pode nos ensinar.

São aspectos do lugar simbólico da centralidade que o príncipe experimenta sucessivamente até o momento de integrá-los todos, quando por fim se torna um rei completo. O espaço da receptividade é descrito detalhadamente em harmonia com a caracterização do personagem Haroun. Cada elemento desse lugar contribui de forma expressiva para compor o conjunto das qualidades singulares desse espaço: rio, prados verdejantes, carneiros, pastores que tocam flautas celestiais, o rico Haroun, dono de uma casa muito grande, nesse lugar tranquilo e encantador.

O mesmo se dá no espaço seguinte: tendas negras, o ar fino e fresco do deserto, homens caçando antílopes e fazendo refeições fartas, mas também guerreiros que lutam com bravura pela sobrevivência. A sabedoria do rei desse lugar aparece na frase do sheik: "O tempo nos dá todas as respostas, se pudermos ser pacientes".

Haroun oferece a Adil a proteção de uma casa aconchegante rodeada de muros altos. Lá ele poderá estar seguro, mas os leões continuam rondando além dos muros. O sheik beduíno oferece a luta fora dos muros, a aventura, a direção e a experiência do tempo: atravessar o tempo, tendo na memória a qualidade da paciência. O cultivo da sensibilidade e da espera receptiva soma-se ao cultivo do companheirismo entre iguais na luta pela sobrevivência.

Tendo passado por esses dois lugares, Adil chega a um magnífico palácio, o mais belo que ele jamais vira. A descrição do palácio é tão requintada a ponto de o príncipe dizer a si mesmo: "De fato, parece um paraíso na terra!".

Esse lugar maravilhoso é governado por um outro rei que guarda o bem mais precioso dessa jornada: o palácio mais suntuoso situa-se dentro de cada ser humano, o lugar onde habita sua própria alma. Quando a encontra e se une amorosamente a ela, o ser humano conhece a razão de aprender. No lento percurso em que diversas qualidades de aprendizagem se apresentam junto com diferentes desafios e manifestações de "leões", dá-se uma preparação durante o tempo transcorrido. Nesse tempo processa-se "o cozimento dentro do medo", como disse uma aluna num dos cursos em que estudamos essa história.

O texto também dá pistas desse processo quando revela que todos os reis do caminho já sabiam quem era o príncipe Adil quando ele se apresentou ocultando sua identidade. O sheik beduíno lhe diz, quando ele está voltando para casa: "Eu pude saber quem você era pela enorme semelhança que você tem com seu pai, aliás, maior agora do que no dia em que você chegou aqui".

A vivência no caminho foi transformando o príncipe em alguém cada vez mais parecido com seu pai, cada vez mais próximo de tornar-se rei.

Por isso, o fato de o leão ser manso como um cão amestrado pode causar espanto, como aconteceu com Adil ao enfrentá-lo. Mas não é difícil encontrar em nossa vivência pessoal inúmeros momentos que nos mostram claramente a mesma coisa. Antes do enfrentamento de uma situação terrível, o que imaginamos é que é terrível. O espaço da cova cheio de ossos, o aspecto aterrorizador do leão, o que tudo isso significa em nossa imaginação é que traz medo e impotência.

De nada adiantaria que o rei explicasse ao príncipe que o leão era manso, como ele sabia desde o início.

"Caminante no hay camino, se hace el camino al andar", disse o poeta Antonio Machado. É necessário que as condições internas se transformem durante o tempo de aprender. O que importa é a mudança de perspectiva a partir da qual o leão é visto por aquele que vai enfrentá-lo. O leão não é objetivamente feroz e monstruoso. É a vivência subjetiva do medo que confere significado à situação.

Imaginamos algo como intransponível por não termos a condição interna para ultrapassá-lo. Nesse lugar imaginário nos vemos impotentes. O movimento que prepara o ser humano para ocupar uma outra posição, na história do príncipe Adil, faz-se no encontro com a sensibilidade, com a ação da aventura guerreira e com o amor, integrando os diversos aspectos da experiência de tornar-se humano, de realizar-se, de ser rei. Nessa posição o leão torna-se manso, porque o lugar escuro de onde era imaginado como temível foi deixado para trás. Uma imagem me ocorre para sintetizar o que aprendi com esse conto, a ideia de que a realização como conhecimento é um espaço luminoso de integração de habilidades internas. É uma frase de um poeta popular mineiro de Itajubá: "É em bando que passarinho cantando desperta o sol".

Até agora a história de Adil me contou tudo isso que acabo de relatar. Esse relato serviu aqui para explicitar o que entendo por estudo criador de um conto, como um passeio por sua paisagem, ao mesmo tempo um passeio pela paisagem interna de quem se dispõe a estudá-lo. Trata-se de uma experiência de aprendizagem por meio da imersão estética, como me faz compreender a história de Chu, com a qual iniciei esta reflexão.

A leitura pessoal desse conto também foi apresentada com o objetivo de evidenciar os diversos planos significativos presentes em narrativas tradicionais. Longe de serem apenas fonte de entretenimento, ou refúgio ilusório que apazigua as agruras da vida de todos os dias, esses contos expressam trajetos de desenvolvimento humano e são possíveis fontes de conhecimento.

O bom contador de histórias é alguém que de alguma maneira se dispõe a ser um porta-voz desse tesouro.

Isso me faz lembrar de um conto da tradição judaica que cabe aqui para complementar essa reflexão e também para pavimentar os conteúdos do próximo capítulo.

O CONTADOR DE HISTÓRIAS
(conto judaico da Tchecoslováquia relatado por Henri Gougaud)

Yakub era um homem sonhador, vivia modestamente numa casinha muito simples, mas não se preocupava com o que não tinha. O que o deixava triste era ver as pessoas sempre taciturnas a perseguir um ideal de felicidade que nunca alcançavam, irritadas, cansadas. Ele tinha palavras amáveis para todos, gostava de brincar com as crianças e passava boa parte de seu dia imaginando um mundo em que houvesse encontros para festejar, para dançar, para ouvir boa música. Por sua cabeça já haviam passado mil ideias de como mudar essa vida, ao mesmo tempo tão su-

focante e tão sem graça, que conduzia as silhuetas apressadas pelas ruas. Queria mesmo encontrar um jeito de tornar o mundo melhor, mas não sabia como.

Um dia ele foi até a praça que ficava bem no centro de sua cidade, subiu num caixote de madeira e resolveu contar uma história para quem estivesse passando por ali naquele momento.

"Posso fazer isso", ele pensou. "Sei uma enorme quantidade de histórias lindas, que sempre me encantaram e, quem sabe se as compartilhar com os outros, elas poderão ter um efeito como o que têm sobre mim. Será que poderão tornar as pessoas melhores, com mais disposição para descobrir o que há de bom na vida?"

Com voz alta, firme e melodiosa, começou a contar a história de que mais gostava naquele momento. Olhava para as pessoas, sorria para elas, fazia gestos para que se aproximassem para escutar. Algumas até pararam por um instante, curiosas para ver do que se tratava, mas nenhuma ficou até o fim da história. Logo seguiam seu caminho, sem nem mesmo olhar muito para o contador.

Yakub não se importou. Afinal — ele disse a si mesmo — uma ideia nova demora para fazer sentido, para chegar até o coração das pessoas.

E todos os dias, à mesma hora, ele subia no caixote e trazia uma outra história. Inventou muitos modos de narrar. Às vezes tocava uma flauta antes de começar, ou um pequeno tambor, ou outro instrumento que pudesse soar bem com determinado conto. Usava objetos, capas, bengalas, o que lhe ocorresse quando preparava sua narração. O público no começo era pequeno, inconstante, e continuou assim por certo tempo. Aos poucos já ninguém mais parava nem sequer um minuto, era como se nem notassem sua presença.

"Com certeza algumas palavras vão entrar em seus ouvidos e um dia algumas pessoas voltarão para escutar uma história inteira", ele pensava, sempre achando que era preciso ter paciência.

A cada dia ele contava com mais paixão, com mais força e beleza. Para quem? Para os passarinhos? Para os bancos da praça? Porque nenhuma pessoa se aproximava; ao contrário, passavam bem longe do lugar em que ele ficava.

Com o tempo Yakub passou a contar de olhos fechados, nem que fosse para apenas ele escutar as palavras dos contos maravilhosos que saíam de sua boca.

Um dia ele se surpreendeu. Alguém puxou a manga de seu casaco. Yakub abriu os olhos e viu na sua frente um homem que lhe disse:

— O que o senhor está fazendo falando sozinho todos os dias?

Yakub respondeu:

— Eu queria ajudar as pessoas e já faz tempo pensei que podia contar histórias para que elas se sentissem mais felizes.

— E por acaso o senhor não está percebendo que ninguém o escuta? Por que não desiste e vai procurar outra coisa mais útil para fazer?

Yakub ficou um momento em silêncio com os olhos postos naquele homem estranho de olhar cinzento que parecia não compreendê-lo nem de longe. Depois ele disse, ainda com a voz firme:

— No começo eu contava histórias porque queria mudar o mundo. Hoje, amanhã e sempre vou continuar contando histórias para mudar a cada dia o modo como entendo o mundo e a mim mesmo.[4]

3.

BAGAGEM I:
AQUISIÇÕES E EQUIPAMENTOS DE VIAGEM

> *Joana Xaviel demonstrava uma dureza por dentro, uma inclinação brava. Quando garrava a falar as estórias, desde o alumeio da lamparina, a gente recebia um desavisado de ilusão, ela se remoçando beleza, aos repentes, um endemônio de jeito por formosura.*
>
> *[...] Joana Xaviel fogueava um entusiasmo. Uma valia, que ninguém governava, tomava conta dela, às tantas [...] Joana Xaviel virava outra. No clarão da lamparina, tinha hora em que ela estava vestida de ricos trajes, a cara desmudava, desatava os traços, antecipava as belezas, ficava semblante. [...] De dia, com sol, sem ela contando estória nenhuma, quem vê que alguém possuía perseveranças de olhar para a Joana Xaviel como mulher assaz?*
>
> João Guimarães Rosa[1]

Joana Xaviel é uma mulher comum. Quando começa a contar uma história, ela se transfigura. É corriqueiro, depois de uma apresentação de contos, alguém da assistência se aproximar de mim dizendo: "Nem parecia você. Era uma outra pessoa que estava ali. Havia uma luz diferente envolvendo você, até sua voz mudou".

Que qualidade é essa que se apresenta na pessoa do contador de histórias, que às vezes o público percebe e tenta definir com as palavras que consegue encontrar, não sem dificuldade, por se tratar de experiência sensível, impalpável?

> Quando Sherazade contava, quem ouvia se esquecia de tudo, de quem era, do que era, se sentia fome ou sono. Podia a terra tremer ou o nariz coçar, nada importava quando Sherazade contava. Era tão gostoso como comer uma tâmara de olhos fechados, ouvindo as fontes do quinto jardim suspenso, aquele das rosas amarelas. Tudo se encaixava, se esclarecia e se turvava, desenhos e melodias surgiam em quem ouvia, dizendo-lhes a diferença entre o que eram e o que acreditavam ser, quando Sherazade contava.[2]

Que qualidade é essa que se apresenta na pessoa do contador de histórias, possibilitando a cada ouvinte um passeio por sua própria paisagem interna, enquanto passeia pela paisagem da história tendo como guia a voz do contador?

Podemos dizer que um bom contador de histórias vive determinado "estado" que tem o efeito de desencadear em quem o escuta uma experiência singular. Antes que essa ideia possa levar a suposições estratosféricas, é importante situar esse "estado" não como algo sobrenatural, esotérico e misteriosamente inatingível, mas como resultado de um processo de aprendizagem. Podemos chamar esse estado ou qualidade do contador de histórias de um estado de *presença*. O que é a presença?

No capítulo anterior, seguindo a metáfora do carpinteiro chinês, vimos que podemos interrogar um conto perguntando: "O que você tem para mim e o que eu tenho para você?".

Focalizando a primeira parte da pergunta, vimos que o conto poderia responder: "Eu tenho para você uma estrutura narrativa, 'climas expressivos' em cada uma de minhas partes e personagens. Tenho também um 'clima expressivo' que se refere à minha unidade de forma narrativa, que configura a história que eu sou".

Neste capítulo vamos aprofundar o entendimento da segunda parte da pergunta: "o que eu tenho para você?". Respondendo a essa pergunta, o contador de histórias poderia dizer: "História, para você eu tenho, como potencialidade, minha *presença*".

A presença é feita de:

- *intenção;*
- *ritmo;*
- *técnica.*

Um bom contador de histórias, guiado pela ação interligada desses três fatores, exercita habilidades pessoais — recursos internos — combinadas com o amplo repertório de informações disponíveis — recursos externos —, enquanto vai polindo e conquistando, ao longo de sua vida, a qualidade da *presença*.

SOBRE A INTENÇÃO

Ninguém pode ensinar uma pessoa a ser uma boa contadora de histórias e, ao mesmo tempo, qualquer pessoa pode aprender a contar bem uma história. Muitos professores, por exemplo, procuram cursos que ensinem a prática de narrar e esperam que lhes sejam respondidas perguntas tais como:

- Que técnicas devem ser utilizadas?
- Que histórias devem ser contadas para crianças de oito anos?

- Como manter a atenção da audiência?
- Uma história deve ser lida ou contada?

É raro, no entanto, que perguntem: *"Como posso me preparar — o que posso aprender — para que eu mesmo encontre respostas às minhas perguntas?"*.

Perguntas como essas que geralmente educadores e contadores de histórias costumam fazer não têm *uma* resposta definitiva. Cada uma delas depende de um conjunto de circunstâncias, sempre particulares, para ser respondida pela própria pessoa que a formula, dentro de sua determinada experiência de aprender a contar. Antes de querer saber *como* contar, é preciso compreender que as escolhas narrativas resultam de um processo de elaboração da presença, que começa com a pergunta: *por que* contar?

A resposta a essa pergunta não existe pronta, não pode ser ensinada, não é uma "frase feita". Como em qualquer experiência verdadeiramente humana, é fruto de um caminho de aprendizagem e constitui aos poucos a substância de uma pessoa, digamos, como um arcabouço permanente que se adapta a cada momento e a acompanha em suas escolhas através da vida. Tudo isso pode ser chamado de intenção.

> *Uma vez um poeta persa chegou à corte de um rei na Turquia. Levado à presença do monarca, recitou um poema para saudá-lo. Acontece que esse rei não conhecia a língua persa, mas enquanto escutava o poema recitado nessa língua, parecia compreender as palavras do poeta, fazendo sinais com a cabeça e expressões que demonstravam sua compreensão. As pessoas da corte estranharam sua atitude, e depois de algum tempo, num momento oportuno, um dos cortesãos perguntou ao rei:*
>
> *— Majestade, nunca se teve notícia de seu conhecimento do idioma persa. Por que vossa majestade nunca nos revelou que conhecia essa língua?*

— Não entendo persa — respondeu o rei.
— Mas como pôde apreciar o poema recitado nesse idioma?
— Porque a intenção era clara — respondeu o rei.

A intenção é o que move e dá sentido à experiência de contar histórias.

No primeiro capítulo deste livro, falamos da importância da arte de contar histórias, de um ponto de vista particular. Tratei ali de uma orquestração de sentidos, impulsionada pela pergunta relativa à busca da intenção: o que eu quero, o que pretendo, o que me leva a acreditar na importância dessa ação de contar histórias?

Cada pessoa tem um modo de entender e investigar essa questão. Alguém conta histórias porque gosta de sonhar, ou porque quer compartilhar um momento de magia. Ou porque deseja que outros experimentem o mesmo estado acima e além do tempo, ou porque se sente desafiado a conquistar uma audiência, ou porque gosta de ver o brilho nos olhos das crianças.

Tanta coisa. De qualquer maneira, este é o ponto de partida: a formulação dessa pergunta — por que eu *gosto* de contar histórias? — que vai sendo respondida aos poucos, ao longo da experiência de contar. Quer dizer, o importante, de início, é a clareza de que é preciso buscar internamente uma intenção. À medida que se buscam respostas para essa pergunta, seja descobrindo o que os outros já disseram, seja observando a própria prática, é possível formular com palavras pessoais essa intenção, que vai se aprofundando e se configurando com o passar do tempo.

É essa intenção que transparece na ação do contador, enquanto está narrando.

Por um lado, ela orienta sua aprendizagem, determinando escolhas de todos os tipos: preparação, repertório, recursos externos e os caminhos a ser seguidos. Por outro lado, situa a audiência em determinada frequência de escuta.

Um contador de histórias focalizado na intenção de chamar a atenção para suas habilidades de contar captura a audiência a ponto de hipnotizá-la. As pessoas ficam "impressionadas" com seu poder e ficam presas nele, não na história.

No caso do poeta persa, a intenção de servir fielmente às palavras do poema possibilitou a experiência de compreensão do rei. Nesse caso o foco é a história, não a pessoa do narrador. Servir fielmente à história é a possibilidade de deixar-se levar por ela, permitindo que a história guie a voz, o gesto, o olhar, a cadência da narração.

No conto "A página branca", Karen Blixen traz essa fala de uma jovem que se iniciava na aprendizagem de contar histórias:

> *Minha avó me dizia:*
> *— Seja fiel à história. Eterna e inquebrantavelmente fiel [...].*
> *Escute bem:*
> *Quando se é fiel, eterna e inquebrantavelmente fiel ao conto, é então que o silêncio começa a falar. Quando a história é traída, o silêncio é vazio. Mas nós, os fiéis, quando dizemos nossa última palavra, nós ouvimos a voz do silêncio. [...] Quem então conta a mais bela história, melhor que qualquer um de nós? O silêncio.*[3]

SOBRE O RITMO

"História de Trancoso não tem diferença. Depende só da cadência de como é contada."[4]

Francisco Assis de Sousa Lima fez uma pesquisa extremamente valiosa na região do Cariri cearense, em que coletou uma grande quantidade de histórias conhecidas como HISTÓRIAS DE TRANCOSO. Parte desse material foi apresentado numa publicação que recebeu o Prêmio Silvio Romero em 1984. Na p. 83, ele registra a fala acima citada, dita por um contador de histórias local.

Eu sempre fico maravilhada com a sabedoria intuitiva que vem da experiência. Numa frase, o homem simples, sem erudição, definiu a qualidade essencial da presença.

A cadência é o ritmo, a respiração do contador de histórias, em consonância com a "respiração" da história. Para poder acompanhar a cadência da história é necessária uma disposição interna do contador de forma a deixar-se levar pela "respiração", pela cadência, pelo fluxo da narrativa, modulando sua voz, gesto e olhar, de acordo com os diferentes "climas expressivos" que o conto propõe.

"Quando a fala de quem estava contando a história tinha ritmo, a imagem vinha na minha cabeça. Quando não, a imagem não aparecia."

Essa frase foi dita por um aluno de um curso sobre a arte de contar histórias, numa avaliação do grupo de participantes depois da leitura de um conto feita em sequência por todos eles. É uma apreciação importante e arguta, uma pista valiosa. A experiência estética da escuta depende da cadência do narrador. O ritmo da narração é fundamental na forma de contar. O tom monótono da leitura ou da fala oral distancia a audiência da história, não permite que as pessoas "vejam" a história.

Imagens podem ser visuais, táteis, olfativas, sonoras. Elas surgem durante a escuta, quando a pessoa passeia pela paisagem da história, quando ela vive passo a passo a sequência narrativa. Na verdade, ela é conduzida durante esse passeio pela voz do narrador. E a modulação dessa voz é guiada pela capacidade do narrador de seguir a cadência da história. A cadência é um movimento rítmico que envolve ora rapidez, ora lentidão, pausa, voz alta, voz baixa. É o pulso, a respiração do conto tal como é experimentada pelo narrador. É essa experiência — estar lá, dentro da história — que comanda o ritmo da voz de forma orgânica e viva.

E como o contador de histórias pode aprender a se tornar receptivo ao caminho rítmico, à pulsação do conto?

O EXERCÍCIO DE RECURSOS INTERNOS

A disposição interna para se deixar levar pela respiração da história é fruto de uma aprendizagem que se faz pelo exercício de habilidades, como:

- a observação — de pessoas, tipos humanos, fatos, objetos e fenômenos da natureza, ou seja,
- a percepção da expressão das coisas, o que significa "ver" e "conceber" com a imaginação, com a intuição do que pode ser. Para isso é necessário:
- curiosidade, senso de humor, capacidade de brincar, de perguntar, de ver as coisas de diferentes pontos de vista;
- o contato com imagens internas significativas, com o poder do silêncio e do mistério, com as possibilidades expressivas dos gestos corporais, do olhar e da voz.

Dito de outro modo, tanto o educador como o contador de histórias se formam aprendendo principalmente a escutar, formando pouco a pouco uma disposição interna para escutar sempre suas perguntas importantes a cada momento de sua trajetória.

A escuta é um termo que se refere à observação, à percepção, à curiosidade e ao contato com imagens internas citados acima e se exercita no trabalho do contador como:

- a escuta de si mesmo — de suas "qualidades" e dificuldades em suas experiências de narração, de seus sonhos, perguntas e formulações;
- a escuta dos contos — suas formas, culturas a que pertencem, seus ritmos e estilos, suas palavras;
- a escuta dos outros contadores — suas escolhas e descobertas narrativas;
- a escuta dos textos e repertórios lidos e estudados;

- a escuta das crianças, das audiências diversas e tudo o que podem ensinar;
- a escuta dos recursos que podem ser utilizados a serviço das palavras de cada conto narrado;
- a escuta de seu corpo como instrumento expressivo — ritmo, respiração, concentração e movimento;
- a escuta de sua intenção narrativa — o que o move para escolher seus modos de contar.

Então é de grande importância na formação de quem quer contar histórias, do meu ponto de vista:

- a constituição lenta e quase sempre silenciosa do espírito da escuta;
- o exercício da reflexão e da percepção flexível — nada é definitivamente o que parece ser; tudo pode tornar-se, pouco a pouco, uma descoberta surpreendente;
- o cultivo da paciência — em aceitar que não sabe, em correr o risco de aventurar-se, de rir de si mesmo, de ficar feliz com as próprias descobertas, de escutar as críticas como faróis para iluminar o caminho;
- a possibilidade de sonhar — sempre — o que ainda não é, mas pode ser;
- o contato com sua intuição, entendida como sua forma pessoal de dialogar com situações de aprendizagem.

Poder compartilhar com outras pessoas em situações de aprendizagem em comum, nas trocas de questões que povoam o universo de pesquisas de cada um é, talvez, o tempero mais saboroso e sutil dessa sopa de preciosidades.

Tudo isso é sonhar? É despregar-se do certo e do errado, do conveniente, do previsível, das regras estabelecidas, do medo, de tudo que é aprisionador da condição humana?

É. Tudo isso é movimento. Impulso. Aragem que desconcerta a estagnação do dia a dia, do costumeiro, do já sabido, do que repete as lições que não ensinam.

Joana Xaviel, criada por Guimarães Rosa, a Sherazade das *Mil e uma noites*, a Velha Totonha imortalizada por Graciliano Ramos, todos os contadores tradicionais de todos os tempos conhecem seus recursos internos e aprenderam a exercitá-los durante a experiência de suas vidas. Intuitivamente. O dom de contar histórias é, na verdade, um exercício constante, um aprimoramento contínuo de possibilidades internas de ver o mundo de outras formas.

É importante pensar o *dom* dessa maneira, para que seja possível evitar o desencorajamento presente na fala de muitos professores, quando dizem: "Eu não sei contar histórias. Sou uma pessoa tímida, não tenho dom".

Como se dom fosse uma característica *pronta*, concedida, sem trabalho, sem aprendizagem. Os contadores de histórias tradicionais nunca fizeram cursos, mas com certeza aprenderam intuitivamente sua arte, exercitando suas habilidades andando pela rua, conversando com as pessoas, cismando sobre a vida, imitando o andar dos animais...

Quer dizer, sua qualidade não é algo inacessível, conferida como um dom para poucos "escolhidos" sabe-se lá por que motivo!

É claro que existem pessoas que contam histórias muito melhor que outras. E que aparentemente não precisam fazer nada para que isso aconteça, para que sua *presença* disponha a possibilidade de uma experiência inigualável para a audiência. Isso não quer dizer que todos os outros não contemplados com esse "dom" sejam impedidos de contar histórias.

Quando uma professora fica frustrada porque as crianças não prestaram atenção à sua história, ela precisa saber que isso aconteceu não porque ela não é dotada, e sim porque não se preparou adequadamente. E que essa preparação é acessível, desde que certos princípios e pontos de referência sejam estabelecidos para que ela possa trilhar um caminho de aprendizagem. Não para que se torne uma contadora de histórias excepcional, mas para que possa realizar um trabalho eficiente, que permita que seus alunos se beneficiem com a experiência de escutar histórias.

A PESQUISA DE RECURSOS EXTERNOS

Na proposta que enuncio a partir de minha busca pessoal de aprender a contar histórias, entendo que esse processo de aprendizagem pode se fazer por meio de ações complementares em planos diferentes de pesquisa que vou chamar aqui, na falta de uma designação melhor, de

- *preparação geral;*
- *preparação para contar uma história escolhida;*
- *preparação no momento de contar.*

A *preparação geral* é um caminho de investigação de recursos internos e externos para se contar histórias. Observar uma criança brincando é exercitar um recurso interno. Pode acontecer nas mais diversas situações da vida e também como a proposição de um exercício específico: imaginar como seria desenhar, por exemplo, o sapato de um personagem de determinada história para perceber suas características de um outro modo.

O trabalho com a intenção também faz parte da preparação geral como substrato do caminho.

A pesquisa do repertório é outro fator importante dessa preparação geral, nesse caso por meio da busca de recursos externos. Envolve visitas a livrarias, bibliotecas e sebos, leitura e classificação pessoal de contos. Digo classificar no sentido de organizar em categorias úteis para cada contador o registro do material pesquisado. É possível anotar e agrupar contos por temas, por semelhanças, por climas expressivos. Contos de mulheres, de cavalos, de árvores. Contos chineses, hindus, brasileiros. Contos para ser relatados de manhã, à tarde ou à noite. Contos para crianças pequenas, maiores, adolescentes e adultos. Contos idênticos encontrados na Índia e no Brasil. Contos de humor, de aventura, de assombração. Contos de que eu mais gostei, contos que não entendo mas que me fascinam, contos de que não gostei. Contos que seleciono para estudar e contar. Contos que quero dar de presente para certas pessoas. E assim por diante... Existem muitas maneiras de criar um repertório pessoal, e é importante que o contador de histórias se dedique ao "garimpo" desse material precioso e inesgotável.

Porque enquanto se debruça sobre a variedade de situações, palavras e questões narrativas, a pessoa vai sendo trabalhada, por assim dizer, pelo movimento das histórias. Suas imagens internas se multiplicam, se avivam, tornam-se eloquentes, constituindo uma crescente familiaridade com a paisagem narrativa. Ao mesmo tempo, na ação educativa, por meio desse trabalho consistente com os repertórios, o educador pode escolher melhor que tipo de história é mais adequada para a situação de aprendizagem de determinado grupo de alunos. Se, ao contrário, ele conhece três ou quatro histórias apenas, aquelas mesmas que as crianças já ouviram mil vezes, fica difícil desenvolver um bom trabalho com os alunos, vocês concordam?

Ainda com relação a recursos externos, fazem parte também dessa preparação geral a pesquisa e o registro de diferentes começos e finais de histórias. Existe o encanto do "Era uma vez..." para iniciar uma história; é possível dizer essa frase de muitos e muitos jeitos diversos, com ritmo e entonação variados. Mas também pode ser bom surpreender os alunos ou a audiência, que já esperam pelo "Era uma vez...": "No tempo em que não havia tempo, num lugar que era lugar nenhum..."; "Na época em que os animais falavam..."; "Num dia muito distante, num lugar a mais de mil quilômetros daqui..."; "Quando as estrelas ficavam muito perto da Terra..."; "Alguém aqui já ouviu falar do ribombancho?"; "Num tempo tão antigo que poderia ser agora, num lugar tão longe que poderia ser aqui...".

Os livros estão cheios de começos inusitados, e se o contador de histórias for colecionando por escrito uma lista deles, poderá tê-los à sua disposição. O mesmo acontece com os finais. Quantas vezes contamos uma história e, quando chegamos ao fim, as crianças se adiantam e dizem em coro: "E foram felizes para sempre".

Enquanto elas se divertirem expressando o que sabem, isso está bem. Mas quando escutam histórias todos os dias e repetem monotonamente a frase final, apenas porque não conhecem outra coisa além dessa que já não traz maravilha, é hora de trazer-lhes outras possibilidades: "E o que era de vidro quebrou-se. E o que era de papel molhou-se. Entrou por uma porta, saiu pela outra, o rei meu senhor que lhe conte outra";[5] "Entrou por uma perna de pinto, saiu por uma perna de pato, quem quiser que conte quatro"; "Entrou por uma perna de pato, saiu por uma perna de pinto, quem quiser que conte cinco"; "E foram felizes e comeram perdizes, só não me deram porque não quiseram" (tradução de um final de história espanhola); "E se as cordas do violino não tivessem se quebrado, eles estariam dançando até hoje"; "E foram felizes na terra, como os anjos no céu"; "Eu estava lá, na festa de casamento. Foi muito linda e até peguei uns docinhos para trazer para vocês. Mas quando cheguei na ladeira do Concliz, escorreguei e quebrei o nariz"; "Era uma vez uma vaca Vitória. Caiu no buraco e começa outra história"; "Era uma vez uma vaca Teresa. Saiu do buraco e a história era a mesma".

Nos livros dos folcloristas brasileiros, como Silvio Romero e Luís da Câmara Cascudo, por exemplo, há uma grande variedade de finais de contos.

E existem também os que podem ser inventados pelos contadores e pelas próprias crianças quando estudam um conto na sala de aula.

Os começos têm o poder de abrir a porta do universo da história, os finais fazem a passagem de volta para "o mundo aqui de baixo". É possível e desejável escolher o modo dessa passagem: lento ou abrupto, surpreendente ou engraçado, reticente ou definitivo. É um importante ingrediente da situação de contar uma história, e o conhecimento de muitos começos e finais faz parte do trabalho criador de quem conta histórias.

PREPARAÇÃO PARA CONTAR UMA HISTÓRIA ESCOLHIDA

O estudo criador do conto, objeto do capítulo 2 deste livro, faz parte desse estágio de preparação. Por meio desse estudo, a pessoa investiga a estrutura, os climas e os personagens da história, exercitando também seus recursos internos e recolhendo informações que podem indicar "como essa história *pede* para ser contada".

Recursos externos, tais como objetos, panos, música, canto, luz, roupa, acessórios cênicos, como começar e como terminar, são pesquisados para cada história particular.

Sobre esses recursos é importante ressaltar que devem estar a serviço da história. Não se trata de fazer *teatro*, e sim de *narrar*. Às vezes são tantas coisas utilizadas que desviam a atenção do fio da narrativa, promovendo um show de estimulação sensorial. As crianças se deixam seduzir pela parafernália técnica e a história se perde.

Quem conta histórias todos os dias pode preparar-se para surpreender as crianças com situações variadas. É preciso saber contar uma história sem nenhum recurso externo, para experimentar a sensação da soberania da história, valendo-se apenas de sua força expressiva, tal como se revela pela *presença* do contador. Muitos contadores sentam-se numa cadeira e começam a falar, tendo como recursos sua voz, gestos e olhar. E a magia se instaura, o mundo se cria imaginariamente em cada ouvinte.

Mas também é possível trazer elementos exteriores para acompanhar e favorecer as imagens do conto. Tais recursos externos não podem ser óbvios, descritivos ou redundantes. Eles precisam antes de mais nada surpreender a audiência, pelo inusitado, pela expressividade, pelo comentário sutil que agregam às palavras da narrativa. Eles dialogam com a história, contando-a de outros pontos de vista, atiçando as imagens internas dos ouvintes, desafiando sua percepção.

Um baú é um repositório do mistério. O que será que há dentro dele? Um chapéu é suficiente para caracterizar o contador como veículo do maravilhoso. Síntese, simplicidade, sutileza, surpresa.

A escolha entre ler ou contar é outro elemento dessa preparação. Essa escolha depende da intenção e dos objetivos da pessoa que conta.

É importante ler:

- para valorizar a ação da leitura, para trazer o livro como objeto, como veículo de aprendizagem;
- para apresentar a melodia e a construção das frases do texto popular, do texto de autor, que se manifestam na clareza sonora e encadeada de sua construção poética. Trata-se de focalizar a ideia da *literatura* como importante fenômeno cultural;

- para manusear o livro e mostrar as imagens que ilustram o texto, solicitando a apreciação das crianças, chamando sua atenção para o modo como as ilustrações contribuem para a história.

É importante contar sem o livro:

- para experimentar uma qualidade diferente de relação com a audiência, por meio da qual os olhos, mãos e gestos corporais do narrador encontram os olhos, as mãos e os gestos corporais da audiência, permitindo que essa receptividade contribua para seu modo de relatar a história;
- para experimentar improvisar, sem texto decorado, deixando que as palavras se encadeiem ao sabor do momento, guiadas, é claro, pela sequência narrativa da história;
- para explorar recursos externos de narração.

Ler não é melhor que contar "de boca", como dizem as crianças. Contar "de boca" não é melhor que ler. Ambas as ações requerem a *presença* do narrador. Ler ou contar podem igualmente ser monótonas sequências de palavras que não produzem efeito significativo na audiência se a pessoa que conta não estiver presente na história, imprimindo vivacidade e veracidade à cadência de sua narração.

Na escola é conveniente alterar essas duas situações de ler e contar, para ampliar as possibilidades de escuta e aprendizagem dos alunos.

PREPARAÇÃO NA HORA DE CONTAR

O espaço

Perceber as qualidades do espaço onde a história vai ser contada é muito importante. Se for espaço interno, é preciso olhar em todas as direções e escolher o lugar, levando em consideração suas possibilidades de acolhimento da situação narrativa. Uma parede cheia de cartazes, prateleiras, desenhos, reproduções de personagens de Walt Disney não serve como fundo para o contador. É preciso uma parede limpa, ou um lençol estendido sobre ela, um espaço neutro para que as imagens das crianças possam se projetar sem a interferência de elementos alheios à história.

Qual a melhor configuração espacial para abarcar o contador e sua audiência num conjunto aconchegante? Perto de uma janela aberta por onde entra a luz do sol, que passa a fazer parte do "cenário"? Num canto, no meio da sala, onde? Tudo isso faz parte da preparação do espaço na hora de contar. Lá fora? Embaixo de uma árvore, se houver? Embaixo da mesa, só para variar?

Trazer a história

A passagem do mundo de todos os dias para o mundo do "Era uma vez" é uma ação fundamental. Como um rito, ela presentifica, atualiza a história, trazendo-a para a audiência e também para o contador. O importante é a intenção de realizar essa passagem, é saber que ela faz parte da arte de contar.

Quanto menos descritiva ou explicativa ela for, melhor. Não é necessário dizer com palavras: "Agora silêncio, eu vou contar uma história para vocês". Ou, o que acho pior: "Vamos viajar pelo

mundo da imaginação, vamos sonhar, no mundo encantado etc.".
Ou inventar musiquinhas que falem de "fechar a boca e abrir as asas da imaginação", "todos quietinhos pois vou começar", horríveis prescrições autoritárias disfarçadas de melodias. Não é necessário impor o silêncio, seja declaradamente ou por meio da sedução rimada. O contador não precisa assegurar-se de uma atenção forçada para poder começar.

Trata-se de um *convite* que atrai a audiência pela proposição do mistério. A atenção vem aos poucos, conquistada pelo desenrolar da história e da arte de narrá-la.

Faz parte dessa arte a confiança na qualidade que a situação de contar histórias propicia. Por saber dessa qualidade, o contador quer convidar todos a participarem, a compartilharem desse tempo fora do tempo. Ele anuncia e prefigura, com gosto e técnica, o que está por vir. Tendo clara essa intenção, pode cantar, tocar um sino, apagar uma luz, olhar dentro dos olhos das crianças em silêncio, pôr uma capa nos ombros, propor uma adivinha.

Qualquer uma dessas ações traz a situação do tempo da história, inaugura a experiência do maravilhoso distinguindo-a da vida cotidiana, desde que a intenção do convite esteja presente. E ela pode estar na simplicidade de um único gesto.

É essa mesma intenção, guiada pelo modo como a história pede para ser contada, que orienta a escolha de recursos cênicos.

Flores, uma mesa com um pano colorido, um baú, um prato com água, uma cadeira colorida, uma máscara, um estandarte, são infinitas as possibilidades que podem cercar visualmente a situação de contar. E também nada, se for o caso.

Quando usados, os recursos cênicos são uma oportunidade de apreciação estética para a audiência. O que se vê é uma ordenação de formas, um conjunto significativo de elementos selecionados e combinados pelo narrador.

A ação de montar esse cenário já é uma maneira de levar o contador para dentro da história. Antes de contá-la, mesmo ainda quando a audiência não está lá, o contador inicia seu passeio pela história que vai contar.

A situação começa antes da ação narrativa, atuando na concentração do narrador.

Um guarda-chuva é um objeto cotidiano. Inserido no espaço da história e utilizado pelo narrador, ele é retirado da contingência comum e utilitária e pode ser visto de um outro modo. Ressaltam-se suas qualidades expressivas, seu tamanho, sua cor, seu "clima", sua pulsação. Especialmente para as crianças, habituadas a receber uma enorme quantidade de informações visuais através dos meios de comunicação de todo tipo, essa experiência é muito importante, porque traz o objeto ressignificado em sua singularidade. E assim ele pode ser apreciado e visto com outros olhos, criando ressonâncias e acordando imagens internas significativas para as crianças. Elas têm a oportunidade de se deter sobre aquele objeto, que passaria despercebido em outra circunstância, e assim notá-lo em sua particularidade expressiva. Aprender a ler imagens e conversar com elas é um importante aspecto da educação estética. A situação cênica eventualmente proposta na arte de contar histórias pode se tornar uma ocasião privilegiada para essa aprendizagem. Ela conta com a participação e atenção qualitativa das crianças, que estão disponíveis para o encantamento da história e, portanto, receptivas para tudo o que a acompanha.

Uma outra preparação diz respeito ao modo como a pessoa que conta uma história percebe e recebe a participação da audiência.

Às vezes os professores perguntam: "Como lidar com as interferências das crianças durante a história?". Isso que eles chamam de "interferência", eu chamo de participação. A própria designação "interferência" denota certa expectativa: uma interferência, em geral, é algo não previsto, que atrapalha, confunde, desestabiliza, muda o curso, traz "ruído". Como se a história tivesse de ter um encaminhamento predeterminado, controlado, correto. Ao contrário, tudo o que acontece no momento de contar *é parte integrante* da situação narrativa. A *presença* do narrador orquestra e incorpora o imprevisível *a serviço* da história. Estar presente é saber incluir o acaso — uma campainha que toca de repente, alguém que abre a porta e entra sem ser esperado, uma criança que faz uma pergunta, outra que começa a falar do pai ou do lanche no meio da narração — fazendo caber tudo isso na situação narrativa. Estar presente é saber o que dizer para cada criança quando ela faz comentários durante a história. Para uma é preciso sorrir, para outra é preciso responder. Uma outra só quer compartilhar o que a história está lhe dizendo, ou quer chamar a atenção, ou não consegue parar quieta.

O contador não pode ter a expectativa de "silêncio absoluto", ou querer antes de mais nada "contar a história até o fim", do modo como a preparou, "custe o que custar". Estar presente no instante da narração é dialogar com o que surgir, sem ter sido previsto, revertendo os acontecimentos a favor da história.

SOBRE A TÉCNICA

Tudo o que se disse a respeito dos diferentes tipos de preparação para se contar histórias se refere à técnica como *orquestração* de conhecimentos adquiridos por uma pessoa ao longo da vida.

A intenção é o que move e dá sentido à experiência de contar. O ritmo é o que confere vida e verdade pessoal a essa experiência. A técnica é o domínio do instrumental que permite a configuração da intenção e do ritmo na ação narrativa, combinando recursos internos e externos.

De nada adianta a intenção se a pessoa não souber se deixar conduzir pela história. Para isso é preciso conhecer a história, para compreender como determinada história *pede* para ser contada. E para poder contá-la do *modo* como ela pede, é necessário conhecer diferentes *formas* e recursos possíveis de ser escolhidos dentro de um repertório. Então a técnica é um conjunto de diversos conhecimentos que possibilita *escolhas* de determinados modos de contar, configurando um ritmo a partir de certa intenção.

A título de exemplo, imaginem comigo duas pessoas narrando o trecho de uma mesma história em que um homem caiu num poço e gritou para o amigo que estava lá fora: "Socorro, me tire daqui!".

Vou descrever a primeira pessoa narrando esse trecho:

(*com voz angustiada, olhar desesperado, respiração ofegante*) Então o homem caiu no poço e gritou para o amigo que estava lá fora: (*gritando*) Por favor, me tire daqui!

E agora a segunda pessoa:

(*com ritmo e voz modulada de acordo com a intensidade da frase, vendo e vivendo a situação do homem*) Então o homem caiu no poço e gritou para o amigo que estava lá fora: (*com intensidade expressiva, sem gritar*) Por favor, me tire daqui!

Podemos falar de técnica desse modo, olhando para esses exemplos:

A segunda pessoa escolheu não gritar porque: a) havia acabado de narrar "gritou para seu amigo", então gritar a frase seguinte seria redundância. É desnecessário gritar se a audiência já tinha recebido essa informação da própria narrativa; b) estava completamente dentro da situação narrada, tendo naquele instante a experiência de estar lá. Escolheu assim compartilhar essa vivência com o público deixando que sua voz comunicasse o que estava vivendo, sem "interpretar como deveria ser", apenas deixando que a voz saísse desse lugar de presença no conto.

Posso dizer que essa pessoa não quis mostrar ou interpretar para alguém o que está narrando. Sua intenção é a de compartilhar esse instante em que se encontra em estado de encantamento dentro de uma história e convidar as pessoas para a visitarem junto com ela. Isso revela que a intenção é tanto permanente — compartilhar esse passeio pelas paisagens dos contos como experiências de conhecimento — quanto se adapta a cada situação narrativa, o que inclui a percepção da presença dos outros que a escutam, modulando-se ao que ocorre nesse encontro.

Segundo essa intenção flexível, as escolhas narrativas são feitas desde o repertório, o espaço, os recursos externos e internos até o ritmo da cadência que une a voz à respiração. Então a técnica não se refere diretamente à escolha particular de um modo de narrar, como uma escolha que poderia ser "explicada". A técnica é aqui entendida mais como "estilo", como a "marca da mão do oleiro no pote", segundo a imagem memorável de Walter Benjamin. A técnica designa um conjunto de conhecimentos possíveis (não fórmulas cristalizadas, mas direções dinâmicas em relação e movimento) enraizados na intenção. A técnica se manifesta livre, como inspiração. Ou seja, não imagino que a segunda pessoa citada acima escolheu não gritar a frase por isso ou aquilo. Parece-me que essa "inspiração" surgiu não de modo espontâneo, mas livre. Quer dizer, não pode ser considerada espontânea porque não vem do nada. Ao contrário, é uma escolha baseada no conhecimento que a pessoa tem daquele conto, na experiência de habitá-lo, no contato vivo com sua respiração e com seu corpo, nas perguntas sobre arte narrativa, nos textos lidos, na escuta de outros contadores, na observação de seus próprios modos de narrar, aprendizados tão presentes em sua vida a ponto de constituir, dia após dia, como se fosse um húmus interno, o lugar onde se enraíza sua multiplicidade de dizeres, de onde brotam as escolhas narrativas, como galhos livres ao sabor do vento daquele conto. A frase dita sem gritar se enraíza na intenção e se manifesta como escolha técnica que resulta de um caminho de conhecimentos relacionados, assim como a flor na ponta do galho se enraíza na terra úmida e que desabrocha do crescimento conjunto de galhos crescidos tanto nutridos pela seiva quanto pela água e o sol.

Então é por isso que técnica não se aprende como as pessoas comumente pensam. Não dá para observar uma técnica e querer reproduzi-la em sua prática, muito menos fazer um curso para aprender técnicas de narrar histórias. É preciso arar e transformar sua terra em húmus, terra fértil. E ter paciência para nutrir, aguar e ficar ao sol para observar e aprender com o crescimento da planta.

Só assim o contador de histórias poderá, como o personagem Chu dentro do quadro, ter uma experiência que o transforma, quer dizer, que o faz aprender mais sobre a arte de contar, aprender mais sobre suas possibilidades de contar.

Não tendo a expectativa de acertar, pode dedicar-se à experiência de *presentear*.

A intenção, o ritmo e a técnica constroem passo a passo a possibilidade da presença, a capacidade de responder de forma criadora a tudo que ocorre no instante da narração, com vivacidade e confiança. Confiança na potencialidade de seus recursos externos e internos, confiança na história como um presente que ele oferece a si mesmo e à sua audiência.

Estar presente é poder *presentear*.

4.

BAGAGEM II: PASSEIO COM O OLHO VIRADO

Você acha que seria capaz de conversar com um espanador?

Se sua resposta foi negativa, considere:

Às vezes você acorda de manhã, abre a janela e encontra um céu cinzento cor de chumbo, um vento sacudindo as árvores. Você fecha a janela, faz (ou não) uma cara desanimada, vai procurar uma roupa de frio para sair de casa. Você conversou com o tempo. É claro que você não disse: "Bom dia, tempo, que notícias me traz?", e as nuvens e o vento não responderam: "Nós estamos aqui para dizer que o dia hoje vai ser muito frio e que talvez chova daqui a pouco. Acho bom você vestir uma roupa quente e levar um guarda-chuva quando for sair". De uma maneira simples, cotidiana, você observou o céu (não é costume dizer que as nuvens "anunciam" o tempo chuvoso?) e agiu (respondeu) de acordo com sua observação.

Ou então você chega na escola e vai falar com a diretora para lhe pedir um material extra para uma aula especial que você planejou. Assim que entra na sala ela está arrumando a mesa com gestos nervosos, com a cara fechada, e o(a) cumprimenta de modo seco, sem olhar em seus olhos. Você senta diante dela e começa a pedir o que deseja, tranquilamente, esmiuçando os detalhes. Ela parece estar cada vez mais irritada, mas você continua a argumentar, querendo que ela lhe dê atenção. Chega um momento em que ela explode (ou não) e diz para você voltar outra hora. Você vai embora sem conseguir o que queria. Você não conversou com sua diretora.

Qualquer um é capaz de identificar esses dois exemplos banais. Eles fazem parte, com infinitas variações, de nosso dia a dia mais corriqueiro. O fato de sermos capazes de conversar nas entrelinhas com as coisas e pessoas à nossa volta, ou o fato de não observarmos corretamente os dados de uma situação (o que ela está nos "dizendo"), têm consequências positivas ou negativas em nossa vida.

Está bem, você vai pensar. Estas são coisas óbvias. Mas, conversar com um espanador? Até aqui estamos tratando de eficiência prática. Para entrarmos nos trâmites do espanador é preciso considerar a eficiência poética.

E o objetivo deste capítulo é apresentar a ideia de que, na arte de contar histórias, o uso de objetos requer eficiência poética. A pessoa que quer usá-los precisa exercitar sua capacidade de conversar com as formas que povoam seu mundo: formas da natureza, objetos, aromas, movimentos, sons, tonalidades e ritmos.

Antes de mais nada, a pessoa precisa recordar. Lembrar-se de que quando criança, bem pequena, sabia muito bem conversar com a realidade, de maneira poética. Antigamente, mas também hoje em dia, quando os adultos permitem, as crianças dão vida aos objetos em suas brincadeiras. Mas não é qualquer objeto que serve para figurar qualquer coisa. A criança sabe muito bem que uma batata não serve para ser uma linda princesa. Essa é uma pista importante para o assunto que estamos tratando aqui. Quando Mafalda, a personagem do cartunista argentino Quino, olha para as árvores, ela conversa com cada uma delas a partir do que cada forma lhe diz.

Foi assim que comecei a pesquisar objetos para contar histórias. Ouvindo o que as crianças falam, observando como elas brincam. Mas não me contentei com a constatação superficial de que a criança transforma os objetos usando sua imaginação: caixote vira casa, carro, berço; vassoura vira cavalo e assim por diante.

Escolhi a via empírica por onde minha curiosidade leiga me levava. A observação atenta me fez perguntar se haveria critérios para a escolha dos objetos a ser usados nas brincadeiras infantis. E também como eu poderia entender melhor, de modo que esse conhecimento fosse útil para meu trabalho, o lugar imaginário de onde a criança escolhe determinado objeto e não outro qualquer.

Por exemplo, numa mesa de restaurante, eu escolhia um saleiro e começava a contar uma história para uma criança, movimentando-o como se fosse, digamos, uma jovem que ia pelo caminho e encontrava uma dama da corte do rei — um longilíneo e branco recipiente de azeite —, e continuava inventando a história movimentando outros objetos que viravam personagens adequados a cada situação que surgia. Invariavelmente a criança voltava sua total atenção para o jogo e brincava junto comigo, trazendo sua contribuição com outros objetos/personagens que ela ia inventando. Outras vezes eu propus um jogo silencioso, em que a história era contada apenas com movimentos e ia se construindo pela ação conjunta, pelo diálogo sem palavras que se estabelecia entre a criança e eu. História perfeitamente compreensível tanto por ela quanto por mim.

O jogo acontecia de modo fluente porque havia ali o que chamei de eficiência poética.

UM JEITO DE ENTENDER ESSA SITUAÇÃO

Entendo que a eficiência poética depende de uma percepção voltada para as qualidades das formas. O que é diferente de observar a função que normalmente atribuímos aos objetos, identificando-os apenas por essa função. Um saleiro serve para armazenar sal e é para isso que ele é deixado na mesa do restaurante. Mas não é essa função que importa quando propomos um jogo imaginativo ou quando pretendemos contar uma história com objetos.

Como disse Mario Quintana, no caderno Folhetim da *Folha de S.Paulo* de 20 de março de 1977:

> Há senhores, graves senhores, que leem graves estudos de filosofia ou coisas afins, ou procuram sozinhos filosofar, considerando as suas ideias que eles julgam próprias. Isto em geral os leva à redescoberta da pólvora. Mas não há de ser nada... porque estou me lembrando agora é dos tempos em que havia cadeiras na calçada e muitas estrelas lá em cima, e a preocupação dos pequenos, alheios à conversa de gente grande, era observar a forma das nuvens, que se punham a figurar dragões ou bichos mais complicados, ou fragatas que terminavam naufragando, ou mais prosaicamente uma vasta galinha que acabava pondo um ovo luminoso: a Lua.
>
> E esses exercícios eram muito mais divertidos, meus graves senhores, que os de vossas ideias, isto é, os de vossas nuvens interiores.

O olhar que se dirige apenas para a utilidade das coisas é característico de nossa civilização ocidental. Precisamos nos lembrar da percepção flexível que tínhamos quando crianças porque, como adultos, nos habituamos a nos valer apenas desse tipo de olhar funcional, como se fosse o único de que dispomos. Para a criança pequena, o olhar flexível é também funcional. Faz parte de seu caminho de desenvolvimento experimentar vários pontos de vista, investigar possibilidades. Enquanto brinca ela assume diferentes papéis, confere diversas funções aos objetos, pois está continuamente investigando sua relação com o mundo e consigo mesma, não se fixando definitivamente em apenas uma possibilidade. A pergunta imaginativa que desafia o que é e indaga o que pode ser está na raiz de todo genuíno processo humano de conhecimento. "E se fosse possível que...?" é o motor da curiosidade que leva à construção das descobertas técnicas, científicas e artísticas nas diferentes culturas ao longo da história. O lugar de onde a criança olha para as formas é o lugar da flexibilidade imaginativa.

Trata-se de uma posição que permite a experiência viva da conversa imaginativa porque não está presa a nenhuma visão preconcebida, fixa, na qual o que estou vendo apenas confirma o que já sei a respeito de determinado objeto. Ao contrário, a posição de flexibilidade imaginativa é antes uma disposição interna para encontrar algo que poderá ser, dentro de muitas possibilidades, o resultado de uma conversa que me revelará qualidades que vão estabelecer, pela interação dos elementos presentes naquele instante. Ao contrário, a posição de flexibilidade imaginativa é antes uma disposição interna para um encontro com elementos presentes naquele instante. Tais elementos são dados pelo objeto, por minha pessoa e pela trama do jogo proposto nessa interação.

Uma vez eu contava histórias para um grupo de adultos e crianças. Entre uma história e outra, propus à audiência uma brincadeira imaginativa em que eu pedia às crianças para "verem" ao meu lado a princesa da história que eu iria contar, dizendo que ela estava sentada na cadeira que eu segurava na mão. Um menino que estava bem na primeira fila disse: "Eu não estou vendo nada. Só a lousa atrás de você e a mesa na frente da lousa. E a cadeira está vazia". E eu continuei: "Está bem, mas vamos imaginar que a princesa acabou de chegar para ver se eu vou contar direito a história dela. E se fosse possível imaginá-la, como ela seria?".

"Ah, bom", respondeu o menino. "Então ela é alta, tem cabelos compridos e está com um vestido branco cheio de estrelas de todas as cores."

E foi descrevendo, com visível satisfação, os detalhes da princesa que agora ele podia "ver", já que tinha compreendido a proposta da brincadeira e, principalmente, porque se dispôs a brincar. Ele mudou de posição e, do lugar em que se inscreveu, pôde experimentar a flexibilidade imaginativa. Ele sabia, tanto quanto qualquer criança ou qualquer adulto, que de um ponto de vista — lógico, fatual — a cadeira estava vazia. Mas que de outro ponto de vista, igualmente possível, uma princesa poderia surgir ali naquele instante para que pudéssemos compartilhar uma experiência de maravilhamento, de preparação para o clima da história que estava por chegar.

Chamo esse exercício de *virar o olho*. Quando "viro o olho", o saleiro que está sobre a mesa é longilíneo, de vidro transparente, tem uma forma elegante, feminina, sua pequena tampa prateada e redonda me lembra uma cabeça bem delineada. Pronto, vi uma jovem princesa. A imagem dessa princesa surgiu para mim das qualidades expressivas do objeto (que no momento apareceu com outras possibilidades entre as quais *não estava* sua função cotidiana de saleiro), das imagens internas que possuo do que seja uma princesa (com suas qualidades — elegância, delicadeza, leveza, nobreza) e da disposição interna que naquele momento eu tinha para jogar imaginativamente, do lugar em que me posicionei naquele momento. Então a conversa é sempre uma interação entre o dado que está fora de mim, com suas qualidades expressivas, e os dados que fazem parte de minha experiência subjetiva do mundo, minhas imagens internas. É certo que um menino aborígene australiano não "veria" uma princesa num saleiro. Mas também é certo que muitos adultos de nossa sociedade comportam-se como aborígenes australianos e não conseguem "virar o olho" simplesmente porque se esqueceram que quando eram crianças faziam isso com toda naturalidade.

Essa naturalidade de "virar o olho" e conferir vida a objetos inanimados ou formas da natureza precisa ser reconquistada para o exercício da eficiência poética. Uma criança tolera quando usamos objetos inadequados ao contar uma história, por uma espécie de comiseração natural para com o adulto desajeitado. Mas seus olhos brilham quando movimentamos diante dela um espanador colorido, dizendo que aquele é o rabo do cavalo e propondo-lhe que o resto do cavalo também está ali, para que ela o veja como quiser. O objeto foi escolhido segundo critérios determinados. As cerdas de fio de nylon do espanador "lembram" pelos de um rabo animal. O movimento sincopado em intervalos regulares e o modo como o espanador é empunhado são resultado da experiência que o contador de histórias presentifica naquele momento; ele também "vê" o cavalo ali e atua como se o cavalo estivesse trotando diante dele: ele torna o cavalo presente por sua ação precisa. E o fato de as cerdas de nylon serem multicoloridas traz ainda uma proposta de jogo, que não visa reproduzir veridicamente um cavalo, mas é um convite a uma conversa imaginativa: e se existissem cavalos coloridos? Como poderia ser um cavalo que tivesse um rabo colorido como esse? Esse jogo propõe uma invenção por parte da criança, uma construção conjunta da história. Muito diferente daquelas ilustrações de livros infantis onde se vê desenhado um urso bem estereotipado, com um sorriso banal, sob o qual está escrito: URSO.

Nesse modo de utilização de objetos há um desafio perceptivo lançado à criança, para que ela exercite livremente seus múltiplos jeitos de ver. Trata-se de um modo de comunicação com a criança que leva em conta suas potencialidades, convidando-a para expressá-las e estender seu campo perceptivo. Não é um modo de comunicação que explicita o que deve ser visto, menosprezando a capacidade perceptiva da criança, entregando-lhe de forma redundante um objeto que apenas represente ou demonstre o que a história está contando. A função do objeto é surpreender a criança e convidá-la a explorar o que não está ali, mas pode chegar a existir com sua contribuição. Com sua ação imaginativa de conversar com as formas apresentadas e conferir-lhes vida e significação pessoal.

Voltando ao espanador, agora pergunto outra vez: "Você acha que seria capaz de conversar com um espanador?".

Mesmo que sua resposta seja negativa, digo-lhe que sim. Desde que você se lembre de "virar o olho" e se disponha a considerar:

- Que os objetos e formas da natureza têm qualidades tais como: tamanho, dimensões, cores, direção de suas linhas estruturais no espaço, peso, textura, cheiro, movimentos, densidade, equilíbrio. E expressam qualidades de outra ordem como: mistério, humor, respiração ou pulsação, rispidez, calma, delicadeza, nervosismo, altivez, descontração, desleixo, nobreza. São qualidades que a eles atribuímos a partir de suas características estruturais, que revestimos com nossas ressonâncias pessoais.

Um colar pode ser divertido, uma caixinha pode ser misteriosa, um par de sapatos pode ser desleixado, um copo pode ser engraçado, uma cadeira pode ser altiva.

Um cabo de guarda-chuva prateado incrustado de pedras coloridas no punho pode ser uma rainha, um lenço de seda azul pode ser uma princesa, um novelo de lã pode ser uma ovelha, um rastelo pode ser um rei.

Assim, uma rosa de plástico encardida não ficará bem como uma princesa. Não é porque *em geral* associamos a beleza e a delicadeza da rosa com qualidades semelhantes que atribuímos *em geral* às princesas, que qualquer rosa vai servir. É preciso que aquela rosa *em particular* tenha essas qualidades. Se ela for já meio estragada, torta, inexpressiva, não permitirá ver nela uma princesa. Se eu a escolher para contar uma história, não estarei conversando com suas qualidades específicas, mas com uma concepção geral que tenho do que uma rosa pode significar. Eu estou com uma ideia que faz parte do que já conheço do que significa uma rosa para mim e não vi a rosa particular que tenho na minha frente. Não virei o olho, não me dispus a brincar, não saí do lugar do conhecido, não lhe perguntei o que aquela rosa tem a me dizer.

- Que é preciso exercitar a capacidade de "virar o olho" para poder ver essas qualidades. Que não estão dadas prontas nos objetos e nas formas, como se pertencessem a eles e eu tivesse apenas de reconhecê-las. Por isso chamo esse exercício de conversa. E por isso essa conversa requer uma disposição interna para brincar.

Trata-se da criação pessoal, de uma disposição para brincar, na qual o diálogo imaginativo com o objeto é fundamental. Não vejo o que está determinado no objeto, mas invento o que pode estar lá fazendo correspondências com o que está também em mim e nos personagens ou situações presentes nas histórias. A escolha do objeto para a narração é resultante dessa interação.

Assim, os objetos utilizados podem não apenas ser personagens, mas podem também introduzir uma história ou apresentar situações ou "climas". Um xale movimentado no ar pode ser uma tempestade, o tilintar de pequenos sinos pode trazer um momento de amor.

Tudo o que foi dito até aqui com respeito aos objetos pode ser estendido para outras experiências dentro da arte de contar histórias. Tanto os objetos quanto a metáfora de virar o olho são modos de aproximação da ideia central da presença, qualidade essencial dos contadores de histórias. Os recursos internos, quando explorados, reanimam em conjunto a capacidade de brincar, entendida como flexibilidade perceptiva, ou maleabilidade para dar forma viva e autêntica a cada situação humana.

Ainda vou fazer uma última aproximação a essa ideia, imitando Tolkien. Quando ele escreveu seu ensaio sobre os contos de fadas, terminou o texto dizendo que em seguida apresentaria um exemplo concreto da arte da fantasia num conto escrito por ele, chamado "Árvore e folha". Então, depois de discorrer sobre a eficiência poética do olho virado, eis aqui uma história que escrevi a partir desse tema.

Essa história está longe de ser um bom exemplo da arte da fantasia. É apenas um exemplo da arte de virar o olho, um exercício de narração que ainda é um esboço. Que poderá ou não se tornar uma boa história, mas isso não vem ao caso agora.

TIMO

1. A entrada no bosque

A única coisa certa é que estava tudo errado.

Era isso que o menino pensava, quando entrou correndo no bosque, numa aflição danada.

E a conversa atropelada dentro da cabeça dele não parava, ele nem via por onde estava indo. Dizia para si mesmo que aquilo não podia ser, de jeito nenhum. Agora, como ele ia poder encarar todo mundo da classe?

Ele corria sem parar, pegava um atalho, entrava no meio do mato, saía no outro caminho. Ia lembrando, lembrando, respirava fundo para não chorar.

"Gostar de escrever poesia é por acaso algum defeito?", ele pensava, uma ideia estatelando atrás da outra dentro dele.

Era um gosto que ele tinha desde pequeno, de ficar juntando palavras, inventando jeitos de dizer as coisas como ninguém fazia. Quando aprendeu a ler, o pai e a mãe não entendiam aquela mania que ele tinha de recortar palavras do jornal e colar pelas paredes da casa, uma do lado da outra, só para ver o que formavam. Eles davam bronca por causa da bagunça, mas ninguém achava que ele fosse bobo. Agora era diferente. Depois do que aconteceu na escola, a situação dele tinha ficado péssima.

"Isso não está certo", ele pensava cada vez mais sufocado, "ninguém tinha o direito de fazer o que fizeram comigo hoje. Mas adianta alguma coisa eu querer que eles mudem de opinião? Nada. Vai ver que eles sempre riram de mim escondido!"

Tinha sido logo de manhã naquele dia, quando uma professora faltou. Um amigo dele achou o caderno de poesias que ele guardava bem no fundo da mochila. Distribuiu as folhas entre os outros meninos e na frente de todo mundo cada um foi lendo em voz alta aqueles poemas que eram secretos, supersecretos, na maior gozação. Ele quase morreu de vergonha, toda a classe rindo dele como se ele fosse um ET.

Uma árvore, depois outra, depois outra, às vezes uns galhos mais baixos, batiam na cara dele, ou então eram as teias de aranha que grudavam em seu cabelo, em seus braços, em seu rosto, invisíveis, mas dava para sentir de repente o fio elástico, como um chiclete bem fininho. Ele nem ligava. Estava só, remoendo uma tristeza que toda hora queria virar raiva.

"Eu gosto, será que não posso?", continuava pensando o menino. "Gosto de ler, de escrever, de decorar poesias, mas não quero ninguém me criticando por causa disso."

Já tinha dado umas quatro voltas no bosque inteiro, subindo, descendo, cortando caminho, se embrenhando na mata cerrada. E nada. Não havia meio de se acalmar.

Assim, exausto, ele chegou de novo na entrada do bosque e desabou no chão. Ficou ali com o rosto escondido no meio dos joelhos. Se pudesse, ele desaparecia desse mundo.

— Não vai adiantar nada ficar aí largado feito avestruz despenteado — disse uma voz bem perto do seu ouvido.

O menino levantou a cabeça, olhou para todos os lados, não viu ninguém.

— Só me faltava essa, vai ver que estou tão atrapalhado que chego a ouvir vozes que não existem.

— Como assim, não existem? Eu existo muito bem — disse outra vez a mesma voz.

— Então, seja lá quem for, pode ir saindo do esconderijo e parando com essa brincadeira sem graça. Eu não estou em meus melhores dias, nem muito a fim de conversa.

— Não estou em nenhum esconderijo. Estou bem do seu lado, à vista de todo mundo que quiser ver — continuou a voz.

— Mas eu não estou vendo ninguém — disse o menino.

— É simplesmente porque você ainda não descobriu o jeito. É preciso virar o olho.

— Eu devo estar ficando louco, ainda por cima. Uma voz que vem do nada me manda fazer uma maluquice. É impossível virar o olho.

— Deixe de fazer drama e preste atenção. É claro que não dá para virar o olho, quer dizer, virar de verdade, ao contrário. É só um jeito de explicar. Por exemplo, nunca aconteceu de você passar cem mil vezes numa rua e um dia, sem mais nem menos, notar uma janela que você nunca tinha visto? Ela sempre esteve ali, na frente daquela casa, mas de repente, é como se tivesse aparecido naquela hora.

— É, já aconteceu comigo, acho — disse o menino. — Não com uma janela, mas um dia eu reparei num muro desse jeito que você está falando, seja lá quem for que estiver falando. Era um muro velho, cheio de rachaduras, no pátio da escola. Um dia eu sentei de frente para ele, depois de jogar futebol; não estava pensando em nada. Só respirava fundo, meu coração pulava de tanto que eu tinha corrido no jogo. Fiquei olhando para o muro, sem ver nada, só descansando. Foi então que aconteceu. Virei a cabeça de lado e quando pus os olhos no muro outra vez, eu vi. Tinha um gato perfeito desenhado na rachadura do muro. E o que mais me espantava era que, quanto mais eu olhava, mais vivo ele parecia ficar.

— É porque naquela hora você virou o olho.

— Sei lá se isso chama virar o olho — continuou o menino —, todo mundo sabe disso, é supernormal. A gente também faz isso com as nuvens, vendo as figuras que elas vão formando. As nuvens vão mudando de lugar e as figuras vão desmanchando, outras vão aparecendo e assim vai.

— Tá bom, tá bom — disse a voz interrompendo o menino. — Sei muito bem que existem muitas maneiras de virar o olho. Tem até uma história muito antiga, que fala de um rio que virou o olho.

O menino começou a rir.

— E rio nem tem olho para virar? Essa é boa.

— Espere um pouco, deixe eu contar a história.

O menino achou estranho demais ouvir uma história contada por alguém que ele nem sabia quem era. No começo nem prestou muita atenção, mas devagar foi se interessando.

A voz contava...

2. A lenda das areias

Era uma vez um rio, um pequeno fiozinho d'água que um dia nasceu no pico de uma montanha muito alta.

Pois nem bem nasceu, aquele riachinho cismou que queria conhecer o mar. E foi descendo a montanha, curioso com tudo que via pelo caminho. Foi crescendo, ganhando mais água, foi virando um rio de verdade. Depois de um tempão, chegou ao pé da montanha e deu de cara com um monte de areia. Olhou para um lado, areia. Olhou para o outro, areia. Olhou para a frente, areia. A perder de vista, por toda parte, um grande deserto. Não havia outro jeito. Para chegar até o mar lá longe, ele tinha que atravessar aquelas areias. Ele bem que tentou, mas, por mais que se esforçasse, não conseguia seguir adiante. Suas águas se afundavam nas areias. Quanto mais força ele fazia, mais para dentro delas ele era levado.

Então uma voz, vinda das areias, falou para o rio:

— Assim você nunca vai alcançar o mar. O único jeito é você deixar que o vento transporte você até lá.

— Como assim? — disse o rio muito espantado. — De que maneira o vento poderia fazer isso?

— Primeiro você se transforma em vapor, o vento carrega você para o céu em forma de nuvem, depois a nuvem vira chuva e é nessa forma de chuva que você cai no mar.

— De jeito nenhum — disse o rio. — Se eu deixar de ser rio, quem pode garantir que vou ser eu mesmo, outra vez? Deve existir uma outra maneira.

— Não existe — disse a voz.

— Eu nunca ouvi nada tão sem sentido como isso que você está dizendo. Como posso arriscar fazer uma coisa que nunca fiz antes? E se eu virar vapor e sumir? Não posso acreditar em algo que não conheço.

— Pois se você continuar insistindo em fazer só o que você conhece, investindo com toda a força contra as areias, o máximo que vai acontecer, sabe o que é? Você vai virar lama, sem sair do lugar, sem conhecer o mar.

— Mas eu sou um rio respeitável, não posso virar vapor, assim sem mais nem menos. Demorei muito para formar tanta água, como é que de repente vou deixar de ser o que sou?

— Você não sabe de verdade quem você é, não adianta ficar repetindo essa lenga-lenga, tente se lembrar de outra coisa. A não ser que você se contente em se transformar num grande lamaçal, barrento e parado.

O rio não queria virar lama, isso é que não. Começou a se perguntar, a pensar no que a voz havia dito. Devagar foi se lembrando, talvez algum dia lá longe no passado, ele já tivesse virado vapor, ele não tinha certeza, mas quem sabe?

Ele ficou cheio de dúvidas, ficou com um medo danado, mas uma hora ele resolveu arriscar.

Quando o vento veio chegando, estendeu os braços para ele e então o rio se largou nos braços do vento e virou vapor. Enquanto era levado (pelo vento), durante o caminho para o céu, aconteceu de tudo. Ele teve medo, chorou, outra hora pensou que estava ficando louco, que nunca mais ia voltar para o chão. Algumas vezes se divertiu, viu coisas maravilhosas, de novo chorou e duvidou de tudo. E assim foi descobrindo tanta coisa que ele podia conhecer e fazer que nem sequer imaginava.

Quando finalmente, levado pelo vento, virou uma chuva grossa e quente a se transformar outra vez num rio muito além das areias, ele sentiu uma alegria enorme. Agora podia dirigir-se ao mar, que era o que ele mais queria na vida, e também já que tinha aprendido quem realmente era.

3. Bruxa Bromélia

O menino achou a história bonita. Ainda estava pensando no rio que virou vapor, que virou chuva e que encontrou o mar, quando a voz falou de novo:

— Você entendeu por que o rio virou o olho?

— Mais ou menos — respondeu o menino. Ele estava começando a ficar incomodado por não saber *quem* estava falando com ele.

— É muito simples. É que você prestou atenção de um jeito diferente — disse a voz.

— Bom, e daí? — disse o menino meio irritado.

— Daí que se você virar o olho vai ver que sou grandona e até simpática.

O menino apertou os olhos, virou a cabeça na direção de onde vinha a voz. Só viu uma porção de plantas, arbustos, umas florezinhas amarelas.

— Assim não dá — ele ouviu outra vez. — Não precisa espremer a vista com tanta força.

Agora era uma questão de honra, pensou o menino. Ele não ia desistir naquele momento. Nem que tivesse de passar a vida inteira tentando, ia descobrir de quem era aquela voz. Começou a fazer muitas caretas, arregalando os olhos ao máximo, olhando de cima para baixo, de baixo para cima, de um lado para outro.

A voz virou uma gargalhada.

— Nossa, que exagero. Sua cara está ficando toda vermelha e muito engraçada. Com tanto esforço, você vai acabar explodindo.

Aquilo era demais. O menino ficou com raiva. Ninguém, nem mesmo uma voz absurda saindo do nada, ia se divertir às suas custas. Piscou o olhou, já com a resposta bem brava engatilhada na garganta, mas não conseguiu dizer nada. Porque de repente ele viu: uma bromélia bem grandona, vermelha, sacudindo as pétalas de tanto rir, bem ao seu lado.

— Desde quando bromélia fala e ri? — ele perguntou indignado.

— Desde quando eu nasci. Antes, muito antes de eu ter me tornado a respeitável bruxa que sou hoje. Bruxa Bromélia, às suas ordens.

— Bruxa Bromélia — repetiu o menino mastigando as palavras. — Eu até que gostei do seu nome, mesmo não sabendo muito bem como uma bromélia pode ser bruxa.

— E você ainda não viu nada — disse ela com uma voz cheia de importância. — Precisa conhecer o povo que mora por aqui.

— Nesse bosque existem outras bruxas?

— Não, imagine. Bruxa, com toda a honra, só eu. Nem precisava ter mais de uma. Todo mundo aqui sabe cuidar de sua vida. Quer dizer, mais ou menos. A bem da verdade, nos últimos tempos, o rei da floresta anda muito triste. Nem eu estou dando conta, sabe. Faço uns encantamentos, canto umas músicas, sopro umas ventanias, só que nesse caso do rei, não estou conseguindo nenhum resultado. Aí resolvi desabafar com a primeira pessoa que apareceu, justamente você.

— Nossa, quanta coisa de uma vez. Eu não entendi quase nada. Dá para você falar mais devagar?

— Agora não posso explicar nada. Entre na floresta e continue de olho virado. É só o que posso dizer.

E então, sem mais nem menos, a bruxa Bromélia desapareceu.

O menino não se atrapalhou, porque tinha ficado muito interessado na brincadeira de olho virado.

4. O carvalho teimoso

Ele foi andando, andando, andando, sem saber muito bem por onde seguir. Estava tudo muito quieto, normal. Até que, de repente, uma árvore piscou para ele. Era um enorme carvalho.

Ele parou e ficou esperando. Logo depois, rapidamente, um galho da árvore acenou em sua direção. Era um gesto como de alguém que está se abanando de tanto calor, mas pela piscadinha ele teve certeza: a árvore queria que ele se aproximasse. Foi abrindo caminho no meio dos arbustos, chegou bem perto dela e disse:

— A bruxa Bromélia...

— Guarde suas palavras — ele ouviu o carvalho dizer com uma voz forte que parecia sair direto do tronco para dentro de seu ouvido. — Quero lhe contar uma história que aconteceu com um tio meu. Vá escutando:

> *Meu tio era um carvalho imponente e vivia num lugar da floresta, uma espécie de clareira de onde saíam oito caminhos. O coração do carvalho até que era bom. Só que já fazia algum tempo, ele vivia meio atrapalhado, sem paciência. O velho carvalho que tinha ensinado tanta coisa a ele já havia morrido. Os pequenos arbustos e arvorezinhas à sua volta tinham secado. Ele ficou sem conselheiro, sem amigos. Pensava em crescer rápido, para conversar com o sol e as estrelas. Sonhava só pesadelos. Se era inverno, ficava bravo porque não era verão. Para dizer a verdade, vivia bravo com qualquer coisa.*
>
> *Apareceu um pássaro grande, de passagem. Pousou num de seus galhos para descansar e levou uma bronca danada.*
>
> *— Eu canto melhor que você, sua gralha esganiçada — disse o carvalho com seu vozeirão.*
>
> *— Não sou gralha, muito menos esganiçada — falou o pássaro. — Minha família mora na Índia e para lá eu vou logo, se você me deixar dormir um pouco no meio quentinho de suas folhas.*
>
> *O carvalho começou a cantar. Música de ópera, que era a única coisa que ele sabia. Cantava mal o carvalho, bem mal. Se fosse uma música leve, mas ópera! Era de amargar. As penas do pássaro caíram todas de uma vez, de susto, ou desgosto, tanto faz. Como é que ele poderia voar agora, todo depenado, indecente? O pássaro foi se esconder num buraco grande que havia no tronco do carvalho, com frio e muito chateado.*

Lá dentro era tudo diferente. Escutou primeiro o coração do carvalho, aquele que eu disse que era bom. O coração estava preso numa teia de aranha toda emaranhada. Aranha nenhuma que se preze seria capaz de fabricar uma teia tão errada.

— Foi a pressa desse maldito carvalho — disse a aranha tentando se desculpar com o pássaro, toda chorosa num canto do buraco. — Ele me deixou tonta com sua cantoria e gritava tanto que eu tinha que trabalhar rápido, que o tempo era curto, que ele tinha mais o que fazer. Em vez de tapar o buraco, me confundi, fiz a teia no coração dele. E o que é pior, perdi o fio, o rumo, o desenho, tudo. Por um triz, não fiquei eu mesma presa na teia. Foi um custo para eu conseguir me livrar.

O pássaro não entendia nada daquele assunto, mas tentou acalmar a aranha.

— Bom, pelo menos você está livre, mas o coração dele ficou péssimo — falou o pássaro. — Coração preso em teia de aranha não funciona direito, é o que minha mãe sempre me disse.

— Agora só tem um jeito — falou a aranha. — Ele precisa pensar numa porção de coisas boas, desejos bons, sabe, para ir derretendo os fios. E tem mais, como eu entendo de desejos, vou ajudar você. Se o carvalho se livrar da teia, você vai ganhar todas as suas penas de volta.

E bem rápido ela foi descendo pelo tronco abaixo, fugindo da outra ópera que o carvalho começava a cantar.

Dentro do buraco do tronco, o pássaro depenado continuava olhando o coração do carvalho todo embrulhado.

— Pássaro, me salve — implorava o coração do carvalho, com voz de cortar o coração da gente.

— Você vai ter que desejar muito isso, senão não posso salvar você — falou o pássaro com toda a calma do mundo.

— Desejar o quê?

— Tudo o que você deseja mesmo de verdade.

— Deixa eu ver... Já sei. Um sorvete de chocolate.

— E isso lá é desejo de coração de carvalho? — disse o pássaro espantado. — Pode ir tratando de descobrir uma coisa melhor.

— Então eu gostaria, talvez, de um palácio de ouro com teto de chocolate.

— Outra vez? Que mania é essa de pôr chocolate em tudo? Você está ruim mesmo de desejos, assim não dá.

— É que faz tanto tempo que eu não desejava nada, por causa da pressa e da falta de motivo. Mas agora, com essa teia me sufocando, eu gostaria de poder respirar, pelo menos.

Nem bem o coração terminou de falar, nasceu uma peninha bem bonitinha no pássaro.

— Agora começa a melhorar — falou o pássaro bem contente. — Olhe só que pena bonita. Mas ainda preciso de muitas outras, para poder voar, você me entende?

— Entender, eu entendo, mas lembrar do que desejo, isso já é uma coisa bem mais difícil. Preciso pensar melhor, me lembrar de quando eu era uma arvorezinha e desejava tanta coisa...

— Como por exemplo?

— Como por exemplo, assim, bem, como por exemplo ser uma árvore de verdade.

Nasceu um montão de penas no pássaro. O coração do carvalho se animou.

— Isso mesmo, uma árvore de verdade, forte, bem-humorada, cheia de amigos, comendo muito chocolate.

Metade das penas que nasceram no pássaro caiu dentro do buraco.

— Estava indo bem — disse o pássaro —, mas dava para você deixar o chocolate de lado?

Não dava. No começo o pássaro estava com a maior paciência do mundo, aguentou um tempão aquela história de nasce pena, cai pena, nasce de novo, cai outra vez. Porque o coração do carvalho não aprendia direito. Quando lembrava de algum desejo *importante, logo dava um jeito de enfeitar com chocolate e pronto, desandava tudo.*

O pior de tudo é que aquele coração de carvalho se recusava a acreditar que primeiro ele precisava fazer com que o pássaro tivesse de novo suas penas. Por alguma razão desconhecida, era assim que a coisa funcionava. Só a aranha, que tinha inventado aquela ajuda para o pássaro, é que sabia. Com as penas no lugar, o pássaro poderia voar e então desmancharia a teia de aranha que cobria o coração do carvalho.

O coração do carvalho continuava muito apressado e aflito. Ele pedia para o pássaro explicar melhor, mas acabava discutindo com ele, dizendo que não havia nenhum mal em gostar de chocolate. E tanto ele falou, brigou, que o pássaro desistiu. Ele enfiou o bico para fora do buraco e assobiou bem forte. Um outro pássaro que voava para a Índia ouviu seu chamado e deu carona para ele.

— Pronto. Essa é a história do meu tio — disse o carvalho para o menino.

— Agora entendi — falou o menino. — Já li várias histórias de aventuras, tenho prática nesse assunto. O que a bruxa Bromélia queria me dizer é que tenho que achar o carvalho teimoso e livrar o coração dele da teia da aranha.

— Não é nada disso — respondeu o carvalho.

E então o carvalho começou a roncar tão forte, assim de repente, num sono profundo, que o menino teve de sair dali com as mãos nos ouvidos.

5. A árvore guardiã

À medida que avançava pelo caminho, achou o ar muito parado, calmo demais. Mas, ao mesmo tempo, havia uma névoa esquisita, um silêncio pesado. Parecia uma grande tristeza invisível. Ele se lembrou daquele plástico fininho que serve para cobrir os pratos de comida na geladeira. Aquele que vem num rolo e gruda completamente na borda do prato. Era como se alguém tivesse estendido um plástico daqueles sobre aquela parte da floresta, grudado em cada galho, em cada folha. Não se podia ver, mas ali nada respirava direito.

Foi quando ele chegou a uma encruzilhada. Bem no meio dela estava uma árvore com rabo de lagarto. A raiz sinuosa e grossa que saía de trás do tronco reto fazia uma cauda perfeita no chão, como a de um réptil ancestral. O tronco era enegrecido, sem galhos ou folhas, não muito alto, mas imponente.

— Nesse ponto, você tem mesmo que ter certeza de que quer continuar — disse a árvore guardiã, com uma voz muito profissional. Por que você chegou até aqui?

— Porque eu vi a bruxa Bromélia — respondeu o menino.

— Por que você viu a bruxa Bromélia?

— Porque eu virei o olho.

— Por que você virou o olho?

— Porque a bruxa Bromélia me ensinou.

— Por que ela ensinou você a virar o olho?

— Para eu poder encontrar o rei da floresta.

— Por que você quer encontrar o rei da floresta?

— *Porque sim* — respondeu o menino com voz firme, olhando bem dentro dos olhos da árvore.

— Antigamente eu ouvia cada resposta! — disse a árvore guardiã, como se estivesse falando consigo mesma. — Chegava muita gente aqui. Pessoas, bichos, pássaros, vindos de lugares distantes. Cada um tinha um motivo diferente para conhecer o rei. Um queria abraçar a árvore, porque tinha ouvido falar que fazia bem para a saúde, outro queria tirar uma foto ao lado da árvore. Tinha também muita visita de escola. O que eu mais detestava era gente que vinha para escrever o nome no tronco com canivete. Esses eu não deixava passar de jeito nenhum. Mas isso já faz tempo — continuou a árvore guardiã. — Quando a situação do rei ainda era boa, quando ele sabia o que estava fazendo.

A árvore guardiã deu um longo suspiro e ficou em silêncio. O menino arriscou:

— Por que a situação do rei deixou de ser boa? Agora o rei não sabe mais o que faz?

— Minha função não é responder nada. Eu guardo a penúltima entrada para a moradia do rei da floresta. Ainda falta a última.

6. A castanheira centenária

A árvore guardiã olhou fixamente para o menino durante certo tempo e foi então que uma coisa estranha aconteceu. O menino sentiu os olhos pesados, eles foram se fechando, mas não se fecharam completamente. Ele via e não via, não estava nem dormindo nem acordado. Algumas vezes já tinha se sentido assim, de manhãzinha, antes de se levantar da cama. Ou então na escola, quando fazia muito calor, no meio de uma aula em que não conseguia prestar atenção ao que o professor dizia. Ele era transportado para outros lugares, como se estivesse sonhando acordado.

Igualzinho ao que estava acontecendo com ele naquele momento. Com os olhos semicerrados, o menino se viu num outro lugar.

Ele estava embaixo de uma árvore muito velha, que tinha o tronco grosso e raízes que se afundavam para dentro da terra. Do tronco saíam muitos galhos igualmente grossos e nodosos, que se ramificavam para todos os lados em outros galhos que iam se tornando mais finos, à medida que se estendiam e se curvavam para baixo. As folhas eram grandes e largas, cobrindo completamente os galhos, formando uma copa como um enorme teto redondo.

O menino já tinha visto árvores como aquela, quando ia de férias para a praia. Mas nunca daquele tamanho. Agora ele entendia por que lhe davam o nome de chapéu-de-sol. Parecia mesmo um grande chapéu que criava uma sombra fresca e protetora num amplo espaço redondo em toda a volta da árvore. Olhando para cima, viam-se pedacinhos de céu azul por entre as folhas. A luz penetrava por esses mesmos pequeninos espaços, criando no chão de areia, aqui e acolá, inúmeros focos brilhantes em contínuo movimento. Rodeando a árvore centenária havia uma porção de arbustos, um ao lado do outro, formando uma cerca baixa.

Ali ele se sentia protegido e acolhido. Tudo era sossegado, mesmo que se pudesse ouvir um rumor constante do vaivém das ondas do mar bem próximo, mas que ele não conseguia ver do lugar onde estava.

Pelo chão de areia espalhavam-se castanhas de casca dura e avermelhada e folhas secas; lagartos surgiam de repente, correndo de um lado para outro e desaparecendo no meio dos arbustos. De vez em quando, minúsculos raminhos com três ou quatro folhinhas verdes brotavam a um palmo do chão.

A árvore, bem no meio, era imponente, silenciosa e segura. Mesmo que fosse centenária, não parecia uma velha caquética. Ao contrário, era vigorosa, forte, firme e muito, muito simpática.

Quando ela começou a cantar, o menino achou a voz dela parecida com a de sua avó. Grave, profunda e melodiosa, mas ao mesmo tempo alegre e cheia de ternura, a voz da árvore centenária cantava:

Morava na areia
Sereia
Me mudei para o sertão
Sereia
Aprendi a namorar

Sereia
Com um aperto de mão
Ô sereiá

Cajueiro pequenino
Sereia
Carregadinho de flor
Sereia
Eu também sou pequenina
Sereia
Carregadinha de amor
Ô sereiá.

O menino achou aquela música linda, dava vontade de dançar. Ele nunca a tinha escutado antes.
— É uma cantiga de roda muito antiga. Existem muitas e muitas outras como essa, hoje em dia quase ninguém conhece mais.
— A senhora lembra minha avó.
— É, eu sou mesmo uma árvore avó. Cada uma de minhas folhas é uma história que eu guardo para contar, uma cantiga que eu lembro para cantar.
— Minha nossa, então são muitas histórias mesmo. A senhora pode me contar uma delas?
— Claro — disse a árvore centenária. — É o que eu mais gosto de fazer na vida.
E ela começou.

7. História do engolidor de árvores

Um dia, um homem andava por uma feira procurando um balde para misturar tinta, porque ele era pintor de parede. Parou nu-

ma barraca e estava escolhendo um que servisse para o que ele queria, quando viu, dentro de um pote de barro vermelho, uma porção de pequenos espanadores de penas, de cores variadas. O cabo era uma vara fina de bambu e na ponta estava amarrado um chumaço de penas. Aquilo era ótimo para tirar poeira de qualquer lugar. Ele achou bonito, olhou mais de perto e de repente um dos espanadores riu para ele. O homem adorou. Comprou o espanador e levou para casa. E os dois ficaram muito amigos. O espanador era muito alegre, falava pelos cotovelos, era divertido, nunca ficava de mau humor.

Até que um dia o homem voltou para casa chateado. Ele tinha feito um serviço para uma pessoa que não queria pagá-lo de jeito nenhum. Contou para o espanador:

— Eu pintei a casa dele inteirinha, por dentro e por fora, e ele agora fica me enrolando, diz que não tem dinheiro. Eu briguei, ameacei, fiz de tudo e não adiantou. Que azar danado eu tive.

— Se você me engolir, vai se sentir bem melhor — disse o espanador, dando uma risadinha.

O homem fez uma cara de espanto.

— Quando falo engolir, não quer dizer engolir mesmo, como quem engole comida. É assim: preste atenção e faça tudo o que eu disser. Em primeiro lugar, olhe bem para mim.

O homem olhou.

— Como é minha respiração?

— O quê?

— Pelo meu tamanho, pelas minhas cores, pelo meu jeito de ser, você acha que minha respiração é rápida ou lenta?

— Rápida, eu acho.

— Leve ou pesada?

— Leve.

— Escura ou clara?

— Bem clarinha.

— Alegre ou triste?
— Com certeza muito alegre.
— Fechada ou aberta?
— Aberta.
— Então vamos lá, experimente continuar olhando para mim e fazer uma respiração que seja tudo isso que você falou.

O homem não estava entendendo muito bem, mas foi tentando. E o espanador colorido ia ajudando.

— Um pouco menos rápido, isso, mais leve, abra mais, mais, chega. Continue assim, vá sempre nesse ritmo. Pronto. Agora feche os olhos. Está me vendo, mesmo com os olhos fechados?
— Não, não vejo nada.
— Quer dizer, imagine que está me vendo, não abra os olhos.
— Agora sim, posso imaginar.
— Vá vendo tudo, minhas penas, as cores, meu cabo fininho. Viu?
— Estou vendo.
— Então agora imagine que eu posso caber dentro do seu peito, faça de conta que você me põe aí, bem no meio, em pé.
— Já.
— Agora vá aumentando meu tamanho, devagar, até eu ficar do mesmo tamanho que você.
— Nossa, eu consegui. Não sei mais se sou eu ou você.
— Só falta uma coisa. Faça de conta que eu estou respirando. Lembra aquela respiração que você fez? Faça de novo, como se eu estivesse respirando aí dentro.

O homem começou a respirar e andar pela casa de um jeito muito leve, divertido, falando pelos cotovelos, alegre; o mau humor dele tinha sumido completamente. Foi então que o homem entendeu.

— Eu já volto — ele disse. — Preciso acertar umas contas.

Passou um tempo, ele chegou em casa de novo com um cheque na mão.

— Então, quer dizer que funcionou? — perguntou o espanador.
— Direitinho — disse o homem. — Eu fui lá, na casa daquela pessoa que não queria me pagar. Cheguei de espanador, é claro. Antes de tocar a campainha, engoli você e esperei. Quando o homem abriu a porta, dei o maior sorriso, estendi a mão para ele. "Não me convida para entrar?", eu disse e fui logo passando pela porta sem esperar resposta. Contei história, piada, sempre achando graça em tudo. O tal, no começo estava desconfiado, com a cara fechada, mas pouco a pouco foi relaxando, e quando ele estava completamente à vontade e distraído, eu disse que não tinha importância o que havia acontecido. Que, se ele não tinha pago meu serviço é porque devia estar com um problema muito grande. Que afinal era meu amigo e nenhum amigo faria uma coisa dessas com outro. E continuei elogiando, falando o quanto ele sempre tinha sido leal, honesto, digno etc. ... Então parece que ele ficou com tanta vergonha que pagou na hora.

Um outro dia, o homem foi passear numa floresta e logo deu de cara com uma árvore que parecia o espanador dele. Teve então a ideia de engolir a árvore e o efeito foi quase o mesmo que da outra vez. Não foi igual, nem poderia, porque árvore é árvore e espanador é espanador. Ele começou a descobrir muitas coisas. Cada árvore era tão diferente da outra que produzia nele os mais variados efeitos. Ele foi aprendendo a engolir cada uma delas e assim sabia qual serviria para qual ocasião.

Quase sempre funcionava. Era um divertimento dele, uma brincadeira que fazia de vez em quando para se ver livre de situações difíceis. Ele acabou aprendendo muita coisa com isso, sobre árvores e sobre pessoas. Viveu uma vida longa, cheia de surpresas. E assim termina a história do engolidor de árvores.

— Mais um que sabia virar o olho — disse o menino. — Se eu contar essa história, ninguém vai acreditar. É muito maluca.

— Reserve — disse a castanheira centenária. — Quem sabe você vai precisar dela depois. Agora você tem que conhecer o rei da floresta.

O menino sentiu um leve aperto no coração. Ele esperava por esse momento havia um bom tempo e agora que tinha chegado a hora sentiu um pouco de medo.

— Tem mais uma coisa que você precisa saber — disse a castanheira. — Existe um segredo que está atormentando o rei da floresta. Ele está começando a fraquejar, e a vida do reino todo ficou uma bagunça porque ele não está podendo governar direito. O rei da floresta precisa revelar seu segredo a alguém. E penso que esse alguém pode ser você.

Quando o menino se deu conta, estava de volta na floresta, sentado à beira do caminho, diante de uma árvore majestosa.

8. O menino e o rei

Era um jequitibá enorme, com o tronco reto, grosso e muito alto. Lá em cima uma copa de galhos cobertos de folhas que se estendiam para todos os lados. A maior árvore da floresta.

Devagar o menino foi deixando seus olhos se encherem com a visão do rei. Ele se espantou muito:

"Quantas vezes eu passei por aqui", ele pensou, "mas nunca tinha ligado a mínima."

Era a árvore mais imponente que já tinha visto. O menino teve até vontade de se inclinar e fazer uma reverência.

"Por que não?", ele pensou.

E então ergueu os braços à altura da cabeça, deu um passo para a frente e foi dobrando o joelho da perna de trás, descendo os braços para os lados ao mesmo tempo em que deixava a cabeça ir tombando para baixo. Igualzinho tinha visto num filme.

— Saudações, sagrada coroa — ele disse bem baixinho.

O rei respondeu com um suspiro.

O menino rodeou o jequitibá, subiu numa de suas grossas raízes, desceu outra vez. Aproximou-se mais, passou a mão pelo tronco escuro e sentiu a aspereza da casca, depois encostou o corpo e os braços de encontro à árvore e ficou olhando para cima. A copa estava longe bem lá no alto e era muito acolhedora.

O menino foi sentindo tudo se mexendo dentro dele. Muita coisa acontecendo ao mesmo tempo. Ele estava feliz por ter encontrado o rei, mas também sentiu vontade de chorar. Nunca havia encontrado um rei assim tão de perto, ele parecia imenso, mas era como se fosse um amigo mais velho, alguém em quem o menino sabia que podia confiar inteiramente. Lembrou-se de repente do que havia acontecido com ele na escola (nossa, parecia ter sido havia milênios) e teve vontade de contar tudo ao rei. Só que ele não podia. O rei estava ali mas também não estava. De algum jeito ele parecia distante, como se alguma coisa estivesse roubando sua atenção.

— Eu posso ajudar? — perguntou o menino.

— Talvez possa — disse o rei.

Que voz ele tinha! Ressoava dentro do peito do menino como um grande sino de bronze. Ele não se lembrava de ter ouvido uma voz tão bela quanto aquela. Não era a voz de um velho, nem de um jovem. Era profunda e grave.

— Por que o senhor rei parece estar meio avoado? — perguntou o menino.

— Esse é o problema — respondeu o rei da floresta. — Já faz algum tempo que ando assim e por isso não consigo me concentrar em nada.

O rei olhou demoradamente para o menino e voltou a falar.

9. Saudade da rainha desconhecida

— Um dia, há algum tempo, um homem passou por aqui com uma criança. Eles vinham conversando pelo caminho e então pararam na minha frente. O homem disse:

— Aqui nesta tabuleta está escrito que essa árvore é um jequitibá, o rei da floresta.

A criança olhou para mim com muito interesse, depois perguntou ao pai:

— E onde está a rainha da floresta?

Eu nem sei o que foi que o homem respondeu. Aquela pergunta entrou dentro de mim como um raio; fiquei muito atrapalhado.

— Onde está minha rainha? Era tudo o que eu queria saber. É só nisso que consigo pensar desde aquele dia. Tenho saudade dela sem nunca tê-la conhecido.

"Quando é que eu poderia imaginar que isso ia virar uma história de amor?", pensou o menino meio sem graça.

Em voz alta, ele disse:

— É mesmo, a criança tinha razão. Onde mora o rei, tem que existir também uma rainha.

— Mas eu não sei como encontrar minha rainha — disse o rei Jequitibá. — Eu já a vi uma vez, um dia, depois do almoço, quando não estava nem dormindo, nem acordado.

— Eu sei como é — disse o menino. — Foi desse mesmo jeito que eu vi a castanheira centenária. Fui parar num outro lugar, ela me contou tanta coisa.

— Eu vi perfeitamente minha rainha. Parece que ela mora muito longe daqui. Ela é linda e traz no seu tronco e nos seus galhos a beleza de todas as árvores do mundo. Eu escutei sua voz, triste, como se sentisse saudade também. Ela cantava "*Que bonitos ojos tienes*", uma linda melodia em espanhol. Eu sei que ela também sente minha falta, mas não conheço nenhum meio de encontrá-la. Eu não sei onde ela mora.

— Deve ser na Espanha, claro.

— Mas onde, na Espanha?

Nem o rei nem o menino sabiam responder. Ficou cada um no seu canto, cismando, talvez horas a fio, em silêncio completo.

Um tempão depois, o menino começou a falar.

— A única coisa certa é que vossa majestade quer encontrar sua rainha. E para isso precisa se lembrar de onde vem sua saudade.

O rei foi contando ao menino o que ele ia pensando:

— Quando eu era pequeno, tudo o que eu queria era me transformar num rei de verdade. E o que era isso para mim? Criar raízes fortes e bem firmes no chão. Aprender o que outros reis antes de mim tinham feito, conhecer a história deles, suas decisões, suas conquistas, seus fracassos. Depois deixar meu tronco crescer enfrentando as dúvidas, tentando agir como eles agiram. Depois experimentar meus galhos e minhas folhas, encontrando a dignidade, a nobreza, a coragem, a generosidade para proteger e aconselhar todo mundo do meu reino. Às vezes tive medo, às vezes tive preguiça. Em muitos momentos duvidei de tudo e até me perguntei se queria mesmo ser rei. Só depois pude inventar meu próprio jeito de governar, lembrando também do que tinha aprendido sobre outros reis, enquanto crescia. Durante todo esse tempo nunca tinha pensado em nenhuma rainha, até o dia em que aquela menina apareceu na minha frente.

— Se o senhor nunca tivesse sonhado com uma rainha, por que de repente a pergunta da menina o deixou tão abalado?

— É verdade — disse o rei.

— Como foi que vossa majestade viu sua rainha? Lembra? Foi aquele momento em que não estava pensando em nada, meio dormindo, meio acordado. É quando é possível lembrar o que deve ser lembrado.

O rei voltou para aquele momento quando a rainha lhe apareceu e lembrou que estava bem sossegado, respirando profundamente. E logo seus olhos foram ficando pesados. De repente, ele estava ali e ao mesmo tempo não estava. Foi quando se lembrou.

— Uma vez — ele disse para o menino —, quando eu era bem pequeno, estava conversando com a castanheira centenária. Eu sempre lhe fazia muitas perguntas e naquele momento queria que ela me dissesse o que era mais importante saber para me tornar um rei de verdade. E a velha árvore me disse: "Você precisa conhecer o desejo do seu coração".

10. Quem apareceu de repente?

Nesse momento ele ouviu algumas vozes e passos se aproximando. Uma professora magrinha e espevitada apareceu no caminho guiando seus alunos, falando sem parar:
— Atenção, crianças, tchan-tchan-tchan-tchan. O momento tão esperado de nossa visita chegou. Silêncio, por favor. Apresento a todos sua majestade, o jequitibá.

Com muitos gestos grandiosos, ela pulou na frente do jequitibá e abriu um sorriso teatral.
— Observem o grande rei. Ele tem mais de dois séculos de existência. Muito poderoso, estão vendo? Agora quero todos em fila, um por um vai abraçar o rei para sentir sua enorme energia. Pode vir o primeiro.

As crianças foram obedecendo, muito sem graça, não pareciam nem um pouco interessadas naquilo.

Uma menina, que não tinha nada a ver com aquele grupo, chegou também e ficou ali parada. Ela não ouvia nada daquela falação da professora. Ela estava ali e não estava.

O menino olhou para aquela menina. Ele mal conseguia acreditar:

— Macacos me mordam se essa menina não "engoliu" uma rainha.

Ela tinha mais ou menos a altura dele e a primeira coisa que o menino pensou é que ela era linda, como se tivesse a beleza de todas as meninas do mundo em seu rosto. Os cabelos dela eram pretos, não dava para saber se eram muito compridos ou não porque estavam presos por uma fivela colorida num rabo de cavalo. Sua pele era bem morena, ela não era nem magra nem gorda. Ela usava um vestido estampadinho cheio de florezinhas azuis e vermelhas e um tênis amarelo.

O menino quis chegar mais perto dela, só que antes teve uma ideia. Fechou os olhos e "engoliu" o rei Jequitibá, deixando-o caber dentro de seu peito. Depois foi aumentando o tamanho dele, até o rei caber lá dentro de um jeito a ficar do mesmo tamanho do menino.

Então ele se aproximou da menina.

— Quem foi que ensinou você a engolir árvores?

A menina virou-se para ele com os olhos muito abertos. Ela não parecia espantada, mas curiosa.

— Ninguém me ensinou — ela disse simplesmente. — Eu aprendi sozinha.

E deu um sorriso tão simpático que o menino pensou que, se não tivesse "engolido" o rei, ele ia ficar vermelho de vergonha.

— Como é que foi isso? — perguntou o menino.

A menina chegou mais perto dele.

"Esse menino parece que 'engoliu' um rei", ela pensou.

Ela ficou olhando um tempo para ele. Poderia ser um menino qualquer, nem magro nem gordo, um pouco mais alto que ela. Tinha o cabelo despenteado, as mãos finas. Usava uma camiseta branca já meio velha, uma bermuda verde-escura de algodão grosso e tênis preto de futebol de salão, sem meias. Mas ele tinha os olhos brilhantes e sua voz era especial. Ela ficou feliz de poder falar com ele.

— Sempre gostei muito de conversar com as árvores — ela disse. No final da minha rua tem um parque e eu sempre ia para lá com minhas amigas. Um dia fui sozinha e comecei a brincar de inventar personagem, um para cada árvore. Eu me lembro de uma árvore que parecia uma velha rabugenta. Tinha o tronco muito fino, cheio de nós retorcidos e os galhos secos caindo para os lados, pontiagudos, como mãos enrugadas querendo afastar quem chegasse perto. O tronco não era alto, era curvado na ponta e oco, fazendo a árvore parecer meio caída para a frente. Até uns óculos redondos eu vi na ponta do nariz dela, você acredita? Achei que o nome de d. Pepina Azedencis combinava com ela. Tinha uma outra, cheia de florzinhas amarelas, parecia uma mocinha sonhadora e tímida. Geralmente eu gostava de contar para ela umas coisas que eu não tinha coragem de falar com ninguém. E assim fui descobrindo seu Jeritimbó, que estudava crustáceos, d. Lindolina, que fazia bolos de fubá, d. Samotrácia, que não falava com ninguém. Algumas árvores pareciam gente que eu conhecia, professores da escola, meninas e meninos da minha classe. Era impressionante a semelhança.

O menino escutava, feliz da vida.

— Como é que você se chama? — ele perguntou.

— Leila, e você?

— Timo. Eu quero saber como foi que você encontrou a árvore rainha.

— Uma vez, no fim da tarde, naquela hora que está quase virando noite, eu estava saindo do parque quando lembrei que tinha deixado um saquinho de pano à beira do caminho. Era um saquinho que eu uso para recolher alguma pedrinha, galho, semente ou folha que acho diferente. Voltei para buscar e então dei de cara com ela. Tantas vezes já havia passado ali na clareira, como é que nunca tinha visto aquela árvore? A luz daquele momento deixa todas as coisas mais escuras, com mais contraste, acho. Eu parei estatelada. Não conseguia achar personagem para ela, não me vinha nenhum nome, nenhuma pessoa conhecida. Mas senti vontade de ser como ela. Então fui experimentando ficar parada do jeito que ela estava, levantei os braços para imitar a posição dos galhos, endireitei a cabeça, olhei para a frente com o olhar dela e não consegui ficar parada. Fui fazendo passos como imaginei que seriam os dela, olhando para um lado e para o outro. E era como se eu estivesse caminhando por um salão muito iluminado, com um manto de cetim branco nas costas indo parar até o chão, uma coroa de diamantes na cabeça, um trono de ouro me esperando ao fundo do salão. "Macacos me mordam se isso não é uma rainha", pensei.

O menino começou a rir.

— Nunca encontrei ninguém que usasse essa expressão — ele disse. — Era meu avô que falava macacos me mordam se isso, se aquilo, o tempo todo. Eu achava o máximo esse jeito de falar e nunca esqueci.

— Eu também acho — disse a menina. — Li essa expressão num livro muito antigo que achei na biblioteca da escola. Sempre que posso, falo. Então, continuando, escutei uma risadinha do meu lado. Você não vai acreditar, mas uma bromélia vermelha falou comigo.

— Eu também conheço a bruxa Bromélia — disse o menino.

— Mentira, não pode ser, é muita coincidência.

— O que é eu não sei. Só sei que foi a bruxa Bromélia que me falou para virar o olho e...

— Isso mesmo — disse a menina. — Ela me falou que eu parecia mesmo a árvore rainha, que ela não precisava ficar me explicando como virar o olho porque eu já sabia.

Leila parou um pouco e depois disse para Timo:

— E agora estou me lembrando de outra coisa. Eu nunca mais tinha encontrado a bruxa Bromélia depois daquele dia. Só que ontem ela apareceu. Ela estava muito esquisita, cheia de mistérios. Parecia que estava louca para me contar um segredo, mas não podia. Ela ria e falava "Deixa pra lá, logo, logo você vai saber".

— Era sobre o que está acontecendo com o rei Jequitibá — disse Timo. — Se ele deixar, conto para você.

O rei fez um sinal de consentimento. Os dois sentaram encostados no tronco do Jequitibá.

11. A morada da rainha

Leila escutou toda a história bem quieta. Quando Timo acabou de falar, ela se levantou e fez uma reverência, inclinando-se para o rei Jequitibá. Sorriu para ele e disse:

— Naquele dia em que o senhor viu sua rainha, lembra, nem dormindo, nem acordado, o que aconteceu, logo depois?

— Fiquei um tempo cismando e foi então que vi uma grande quantidade de pássaros brancos atravessando o céu acima de minha cabeça. Aquilo me chamou a atenção, nunca tinha visto aqueles pássaros antes. Eles voavam a uma grande velocidade e do mesmo modo como surgiram, em seguida desapareceram no céu azul.

— Então veja de novo esses pássaros — disse Timo. — Como se eles estivessem surgindo agora no alto do céu.

O rei fez o que o menino estava pedindo e foi como se a visão dos pássaros puxasse o resto da cena lá do fundo de sua memória. Seus olhos ficaram pesados, sua respiração tornou-se leve e regular.

— Eu estou vendo minha rainha outra vez — o rei disse para Timo e Leila. — Ela está cantando aquela mesma música em espanhol.

— E o que mais existe em volta dela? — perguntou Timo.

— Ela está num terreno grande que fica à beira de um caminho de terra. O caminho é uma subida sinuosa, no meio de um campo muito amplo. Do lado esquerdo há uma plantação de girassóis. Esse lugar é mais ou menos no meio desse caminho. Não há mais nada nessa terra batida onde ela se encontra, é um espaço vazio e redondo. Bem mais para trás há uma casa branca. São os fundos da casa que dão para o terreno.

— E esse caminho, onde é que ele começa? — perguntou Leila.

— Numa estrada asfaltada que passa à beira de uma montanha muito alta. Lá em cima na montanha fica uma cidade bastante antiga, com muitos arcos, as casas todas pintadas de branco. Uma parte da estrada vai até a cidade lá no alto, passa por dentro dela e desce a montanha outra vez, atravessa um rio por uma ponte muito linda e vira estrada bem larga lá embaixo, depois de fazer várias curvas. — O rei prosseguiu em voz baixa: — A rainha parou de cantar. Agora ela está me chamando.

Ele fechou os olhos e não disse mais nada. Timo e Leila se afastaram sem fazer barulho e foram andando por uma curva do caminho até encontrarem um tronco grosso caído no chão. Lá eles se sentaram, imaginando o que poderiam fazer para ajudar o rei.

— No que você está pensando? — ela perguntou.

— Diga você primeiro — disse Timo.

— Eu pensei que os pássaros brancos podem trazer a rainha lá da Espanha, até o rei da floresta.

— Eu também pensei nos pássaros brancos, mas ainda não sei muito bem como eles poderiam ajudar — disse Timo. — Só sei que eles podem. Mas de que jeito?

— Isso eu também não sei — disse Leila. — A ideia me apareceu assim, pronta e embrulhada. Agora precisamos desembrulhar.

12. Desejo de rei

Naquele momento o céu foi se enchendo de nuvens, que aos poucos foram se tornando mais cinzentas, mais pesadas. Os dois correram até onde estava o rei. No caminho a chuva começou a cair forte e refrescante. Eles se cobriram com uma enorme folha de bananeira e se acomodaram sentados bem junto um do outro. Foram sentindo o cheiro da terra molhada, o vento sacudindo as folhas e os ramos à sua volta. A floresta inteira tomava banho, comemorando a tempestade.

Timo e Leila estavam abrigados e bem que estavam gostando daquela arrumação toda da natureza.

Foi quase sem querer que os dois olharam para o rei Jequitibá. Ele estava de olhos fechados, sorrindo levemente. A copa lá em cima acolhia a chuva deixando-se levar pelo vento. Ele parecia estar muito, muito feliz.

Quando a tempestade passou, Timo e Leila se aproximaram do rei. Dessa vez o rei os saudou primeiro.

— Tenho boas notícias — ele disse. — Acabo de enviar uma mensagem para minha rainha.

— Uma mensagem? Mas como pode ser isso? — perguntou Timo.

— Eu me lembrei de uma história que ouvi outro dia. É uma das preferidas da bruxa Bromélia, aquela do rio e das areias.

— Ainda bem que essa história eu conheço — disse Leila. — Não vou ficar por fora. A bruxa Bromélia também me contou quando a conheci.

— Então — disse o rei Jequitibá. — Quando a chuva começou, a história do rio apareceu na minha cabeça e eu comecei a contá-la para mim mesmo desde o início. De repente, ficou tudo claro, como a água que jorrava do céu sobre meu corpo inteiro. Eu posso mandar uma mensagem para minha rainha por meio da chuva, pensei.

— Como é que a chuva vai chegar até a rainha? — perguntou Leila.

— A chuva não — disse o rei. — Mas o vento sim. Quando contei meu segredo para a chuva, ela escutou com todo o cuidado e me perguntou o que eu gostaria de dizer para a rainha. Pensei um pouco e a mensagem ficou assim:

"Eu quero conhecer o desejo do meu coração. Assinado, rei Jequitibá."

A chuva guardou minhas palavras embrulhadas no meio da água e depois disse:

Ao virar rio, vapor e nuvem, comigo levarei sua mensagem
E saberei entregá-la ao vento.
Ele saberá viajar pelo mundo até encontrar sua rainha.
Logo a rainha saberá: à sua espera está o rei Jequitibá.

— Como eu gostaria de estar lá quando a rainha recebesse a mensagem — disse Leila. — Dava tudo para ver a cara dela.

O rei estava mesmo feliz. Timo e Leila também. Os loureiros, os bambuzais, as laranjeiras, os salgueiros, as bananeiras, os arbustos de alecrim, os pés de manjericão, as marias-sem-vergonha e todas as outras plantas da floresta, todo mundo respirava diferente. Depois da chuva, junto com a alegria reencontrada do rei Jequitibá, estavam à espera da resposta da rainha.

O rei tinha recobrado sua força e sabia o que precisava fazer para pôr ordem no reino. Sem perda de tempo, pôs-se a escutar seus súditos, com muita disposição.

O assunto de todo mundo na floresta era o amor do rei Jequitibá pela rainha espanhola.

Timo disse para Leila que a floresta não estava mais embrulhada em plástico de geladeira. Os dois conversavam sobre tudo o que estava acontecendo e evitavam tocar num assunto que vivia rondando o pensamento deles: e se o vento não encontrasse a rainha? Mas não foi preciso muito tempo para que eles percebessem que seu medo era infundado.

13. *A rainha tem um nome*

De manhã bem cedinho, um pássaro branco pousou num dos galhos mais altos da copa do rei Jequitibá. No bico estava um raminho de laranjeira e no pescoço uma pequena bolsinha tecida com fibra de girassol.

— Saudações, meu rei — disse o pássaro. — Trago-lhe notícias da rainha Acácia. Ela pede que lhe entregue esse ramo de laranjeira, que é a árvore da fidelidade.

O rei ficou repetindo para si mesmo o nome de sua rainha: "Acácia, é assim que ela se chama. Não existe nenhuma acácia nessa floresta", ele pensou. "Ela vai ser a primeira."

Timo e Leila sabiam que aquele pássaro estava conversando com o rei, mas naquela altura em que ele se encontrava eles não conseguiam escutar nada.

— Se eu pudesse, subia pelo tronco do rei agora mesmo — disse Timo. — Aquele é um dos pássaros brancos que aparecem e desaparecem, tenho certeza.

— Não adianta essa aflição toda — disse Leila. — Vamos ter paciência; logo saberemos o que está acontecendo.

O rei perguntou ao pássaro quando ele e sua rainha iriam se encontrar.

— Trago também uma pergunta da rainha Acácia para vossa majestade. Essa pergunta não pode ser revelada a ninguém. E devo voltar imediatamente com a resposta. A rainha precisa dela para tomar sua decisão.

— E qual é a pergunta? — disse o rei.

— A rainha Acácia quer saber a quem o rei serve.
— A todos — disse o rei Jequitibá. — Eu amo e sirvo a todos.
— Está dada a resposta — disse o pássaro branco. — Agora tenho que voltar, mas antes preciso entregar essa bolsinha que trago no pescoço para a menina Leila.

O pássaro deixou o raminho de laranjeira no tronco em que estava e voou para baixo, com suas longas asas brancas. Ele pousou na terra ao lado de Leila, sacudiu o pescoço e a bolsinha caiu no chão. Com o bico ele segurou a bolsinha e depositou-a nas mãos da menina. Sem dizer nenhuma palavra, voou outra vez na direção do céu.

— O que significa isso? — perguntou Leila.
— A rainha Acácia mandou essa bolsinha tecida com fibra de girassol para você — disse o rei Jequitibá.
— O nome da rainha é Acácia, então — disse Timo. — Eu já vi essa árvore uma vez.

A menina olhou a bolsinha com todo o cuidado, ela era muito delicada e havia um perfume de rosa delicioso que exalava dela. Abrindo a bolsa, Leila achou um papel dobrado onde estava escrito:

Coquinho dentro do coco
esconde a luz
dos olhos dela
buscar os bambus
preparar a terra
em noite de lua cheia
chegará ao fim minha longa espera?

— É uma espécie de enigma — disse Leila. — Como é que vou entender isso?

Ela leu alto as palavras. Timo e o rei também não sabiam o que aquilo significava.

— Vamos atrás da bruxa Bromélia — disse Leila. — Talvez ela possa nos ajudar.

Não foi nada fácil encontrá-la. Eles reviraram os caminhos, lugares escondidos onde o mato era mais fechado, olharam nos buracos dos troncos das árvores, parece que ela tinha sumido. Chamaram, gritaram o nome dela, nada, nem um sinal sequer.

Os dois estavam desanimados.

— Já tentamos de tudo — disse Timo.

— Quase tudo. Acabo de pensar uma coisa — disse Leila.

Ela deu uma piscada de olho para Timo e depois começou a pular com o braço estendido para um lugar qualquer, falando bem alto:

— Olhe, Timo, rápido. A rainha acaba de chegar. Nossa, como ela é linda!

— Onde? Onde? — perguntou a esbaforida bruxa Bromélia, aparecendo de repente bem no meio do caminho.

Os dois meninos caíram na gargalhada.

— Eu sabia que o único jeito de fazer você dar o ar da sua graça seria atiçando sua curiosidade, sra. Bromélia. Não chegou rainha nenhuma, mas finalmente encontramos você.

— Não gosto nem um pouco de ser chamada de sra. Bromélia. E detesto ser enganada de um jeito tão baixo.

— Bruxa Bromélia — disse Timo, você ainda não tinha nos mostrado esse seu lado "novela de televisão", mas é bom saber que ele não serve muito para nós agora. Temos uma coisa importante para fazer e precisamos de você. Deixe o dramalhão para outra história, tá bom?

— Tá, já entendi. Vocês têm uma coisa séria para me dizer. Só pode ser sobre a rainha. O que é?

Leila leu as palavras do papel que a rainha tinha mandado e contou tudo sobre a visita do pássaro branco.

— Não que seja impossível — disse a bruxa Bromélia com ar

de quem está pensando longe. — Mas fácil não vai ser. Vocês vão ter que fazer tudo muito rápido, não há tempo a perder.

— Fazer o quê? — perguntou Leila.

— Bom, em primeiro lugar, para decifrar as palavras do papel, é preciso ajuda de alguém que saiba mais que eu. E tem que ser a castanheira centenária. Ela é a única que conhece todos os segredos de antigamente. O máximo que posso fazer é dar um jeito de vocês irem até onde ela mora, do mesmo modo como você foi da outra vez, Timo.

A bruxa Bromélia abanou suas pétalas de um lado para o outro e soprou um sopro bem leve no rosto deles. Os dois sentiram os olhos cada vez mais pesados e quando não estavam nem dormindo nem acordados, foram parar, como se estivessem sonhando, num outro lugar.

14. Um antigo costume de casamento

Sentados na areia, eles ouviram o barulho das ondas do mar um pouco mais distante dali. Estava tudo quieto, a brisa suave que vinha do mar não chegava a mover as folhas largas da castanheira, sempre ali, com sua sombra imensa.

Leila ficou maravilhada com aquela árvore e gostou dela como nunca tinha gostado de outra árvore. Ela e Timo ficaram um tempo parados sentindo a presença tranquila, doce e acolhedora da velha castanheira.

— A rainha vai chegar na primeira noite da lua cheia — disse a castanheira centenária. — Antigamente existia um costume que hoje ninguém conhece mais. Toda vez que uma jovem ia se casar, os padrinhos do noivo precisavam encontrar uma casca de coco em forma de cuia que coubesse na palma da mão, uma pedra de luz e um outro pedaço de casca de coco bem pequeno, que fosse uma metade perfeita para cobrir inteiramente a pedra da luz. O lugar onde a noiva e o noivo se casariam tinha que ser cercado com uma roda de bambus verdes, e na hora do casamento os padrinhos seguravam a casca de coco virada para cima com a pedra de luz bem no meio coberta com a metade da casca do coquinho. Então, um dos padrinhos retirava o coquinho e uma luz muito forte e brilhante tinha que surgir de dentro da pedra e iluminar tudo ao seu redor. Se a pedra não produzisse luz, não haveria casamento.

— Nós precisamos encontrar essas coisas — disse Timo. — É isso que a rainha está pedindo.

— É, e tem que ser rápido porque a lua cheia está chegando — disse a castanheira.

— Onde devemos procurar? — perguntou Leila.

— Lá na praia. É só seguir esse caminho atrás de mim, vocês vão ver o mar. Andem olhando para o chão e recolham tudo o que acharem parecido com as coisas que descrevi para vocês.

— Eu não tenho a menor ideia do que seja uma pedra de luz — disse Leila.

— Agora não existem mais muitas delas. Vocês devem olhar as pedrinhas brancas, que de fato são pedaços de cristais. Contra a luz, são quase transparentes. Têm uma aparência leitosa, a forma é irregular e num dos lados parecem cortadas por uma faca. Muitas já perderam seu poder, por isso tragam quantas puderem.

Timo e Leila seguiram pelo caminho indicado, guiados também pela brisa do mar. Logo avistaram uma enorme praia deserta, cheia de manguezais e coqueiros muito altos. O mar estava bem longe, quase na linha do horizonte. Por onde eles andavam, na areia cinzenta e molhada, encontravam todo tipo de vida marinha. Caranguejos, caramujos, conchas em grande quantidade e de todos os tamanhos, sementes e muitos tipos de cocos.

Eles nem sabiam por onde começar. Timo pegou um pedaço de coco e tentou ajeitá-lo na palma da mão.

— Esse não serve, acho — disse Leila. — É muito grande e não parece uma cuia.

Timo jogou a casca fora e continuou procurando. Estava muito difícil no começo. Havia tanta coisa para olhar e às vezes eles catavam uma concha de madrepérola só porque era muito bonita e isso os distraía por um momento. Aos poucos seus olhos foram se acostumando e logo conseguiam distinguir claramente um cristal branco no meio de tantas outras coisas.

Logo cada um deles já havia enchido os bolsos com pedaços de casca de coco e alguns cristais brancos. Tinham percorrido uma grande extensão de areia e voltaram para a castanheira centenária com tudo que parecia servir.

Sentaram-se no chão na frente da árvore e puseram-se a experimentar diferentes combinações de cascas e pedrinhas, como se estivessem montando um quebra-cabeças.

— É mais difícil do que eu imaginava — disse Timo.

— Vocês não têm que pensar com a cabeça — disse a castanheira. — Deixem que suas mãos e seus olhos os conduzam.

Eles continuaram aquela estranha tarefa e foram eliminando as cascas que achavam que não serviriam. Até que sobraram três cuias maiores, quatro metades de cascas de coquinhos e cinco pedrinhas brancas.

Timo experimentou as três cuias e havia uma que cabia perfeitamente na palma de sua mão.

— É essa, achei — disse Timo. — Olhe, Leila, tem um jeito certo que ela encaixa direitinho.

— Vamos jogar as outras fora e experimentar as pedrinhas dentro dessa — disse Leila.

Eles viram que as cinco pedrinhas pareciam caber no centro da cuia.

— Levem todas as pedrinhas — disse a castanheira centenária. — Só mesmo na hora vocês vão saber qual delas vai brilhar. Tomara que isso aconteça.

— E agora falta encaixar as cascas dos coquinhos nas pedras — disse Leila.

Das quatro cascas, apenas uma servia. Ela era quase perfeitamente redonda, quase perfeitamente uma metade, mas tampava perfeitamente todas as pedras, como se tivesse sido talhada para isso.

— Boa parte da tarefa já está feita — disse a velha árvore. — Agora vocês têm que voltar e arrumar a terra para receber a rainha. Do lado direito do rei Jequitibá, limpem tudo muito bem. Tirem gravetos, folhas e pedras. Deixem a terra bem fofa e bem limpa. Depois procurem os bambus e façam com eles um círculo em volta do rei Jequitibá e da terra preparada. Após o casamento, retirem os bambus e joguem-nos no mato.

— Muito obrigado — disse Timo para a castanheira centenária.

— Eu também agradeço — disse Leila —, em nome de todos os reis e rainhas que algum dia puderam se conhecer.

Ela olhou para Timo e, sabendo e não sabendo por quê, viu que estava muito feliz.

— Eu sempre estarei aqui — disse a velha árvore. — Agora fechem os olhos que logo estarão outra vez na floresta.

Os dois se sentiram sonolentos e a última coisa que lembraram naquele lugar era que estavam levando dali um precioso tesouro, bem guardado em seus bolsos.

15. Preparação da festa

A bruxa Bromélia estava agitada, esperando por eles.

— Então, como foi?

— Depois a gente conta, agora precisamos achar bambus.

— Ah, não. Eu não fiquei aqui parada, me roendo toda, para não saber nada do que aconteceu!

— Está bem, não precisa resmungar — disse Leila.

Depois de contarem tudo para a bruxa Bromélia, Timo e Leila entraram pelo mato até acharem os bambus. Eles vergaram e se deixaram quebrar facilmente porque também queriam participar do casamento real.

— Onde é que vocês estavam? — perguntou o rei Jequitibá assim que viu os meninos chegando e arrastando todos aqueles bambus.

— Fomos preparar seu casamento, majestade — disse Timo. — E por favor, não pergunte mais nada porque temos muito trabalho ainda por fazer.

O rei ficou mudo, olhando aquele vaivém, limpa daqui, faz buraco ali, arranca erva daninha, recolhe folha seca, varre o chão com ramo comprido, revira a terra, tira minhoca, finca estaca, uma canseira danada.

À beira do caminho havia uma roseira e lá as rosas conversavam. Disse uma rosinha vermelha:

— Esses meninos estão trabalhando muito. Acho estranho uma coisa: nessa história ninguém come? Nem dorme?

A outra rosa branca riu:

— Depois. Depois que a história terminar. Hoje à noite é festa. Todo mundo da floresta vai ficar acordado para ver a rainha chegar.

Esperando, as rosas cantavam uma cantiga de antigamente:

Quarana roseira,
Roseira do meu quintal
De dia quarana cheira
De noite me faz chorar

*Eu te disse laranjeira
Que tu não botasse flor
Que ficasse sem laranja
Como eu fico sem amor*

*Quarana flor da noite
Só abre depois da tarde
Pelos olhos se conhece
Quem ama com lealdade.*

O rei Jequitibá orquestrava tudo. Convocou as cigarras, os grilos, os bem-te-vis, os vaga-lumes, as rãs, todas as flores perfumadas, as libélulas. Na hora certa, cada um deveria aparecer e abrilhantar a noite de seu casamento.

Timo e Leila, exaustos, examinavam o resultado de seu trabalho.

— Está tudo muito bem-feito — disse a bruxa Bromélia junto deles. — O círculo de bambus, o terreno bem preparado ao lado do rei, as roseiras exalando um perfume delicioso, a noite que vai chegando devagar...

16. A rainha Acácia

A lua cheia começou a surgir, uma enorme bola amarela, parecia que dava para alcançar com a mão. A floresta parou, numa única respiração atenta, todos aguardavam. O coração do rei batia forte, desperto.

Quando a lua chegou no alto do céu, um silêncio de grande reverência se espalhava pela floresta. Foi então que todos começaram a ouvir um barulho de asas vindo de longe, de algum lugar, ainda invisíveis os pássaros.

— Depressa — disse a bruxa Bromélia para Timo e Leila. — Peguem as duas metades de casca de coco e as pedrinhas de luz.

Timo enfiou a mão no bolso e rapidamente acomodou a cuia maior dentro de sua mão esquerda e Leila pôs uma pedrinha branca bem no meio da cuia.

— Agora cubra a pedra com a metade da casca do coquinho e fique parado bem no meio da terra preparada — disse a bruxa para Timo. — E você, Leila, vá junto e leve as outras pedrinhas.

Os dois passaram pelo círculo de bambus e pararam com as mãos estendidas no lugar da terra limpinha.

— Retire a casca de cima da pedra, Leila — continuou instruindo a bruxa Bromélia. — Um facho de luz deve emanar da pedra direto para o céu, sinalizando o lugar para os pássaros brancos.

Leila retirou o coquinho, mas nenhuma luz surgiu da pedra branca.

O barulho das asas ficava mais nítido, deviam ser muitos pássaros, eles chegavam cada vez mais perto, mas ainda ninguém podia vê-los.

— Tentem as outras pedras, rápido — disse a bruxa Bromélia com voz firme. — Alguma tem que ser a pedra de luz. Se nenhuma delas brilhar, os pássaros vão voar de volta levando a rainha embora.

Os dois meninos respiraram fundo. Timo guardou a primeira pedra no bolso. Leila pôs a segunda, tampou-a e depois retirou o coquinho de cima dela. Nada.

Timo foi guardando as pedras, uma por uma, em seu bolso. Nenhuma produzia luz.

O rei fechou os olhos, a bruxa fechou os olhos, todo mundo na floresta fechou os olhos, até as menores formigas fecharam os olhos. Só Timo e Leila executavam movimentos precisos, com as mãos suando, mas sem tremer. Faltava só uma pedra, era a última chance.

De repente, o barulho das asas ficou tão impressionante que todos abriram os olhos e viram uma quantidade enorme de pássaros brancos numa revoada que era como um redemoinho em volta da lua cheia. Eles foram descendo em círculos, aproximando-se da floresta.

Quando Leila descobriu a última pedra, um farol de luz azulada desprendeu-se dela e subiu como um raio na direção do céu.

Os dois meninos arregalaram os olhos. Todo mundo na floresta arregalou os olhos. Os pássaros, atraídos pela luz, foram diminuindo a velocidade e se aproximando da terra.

— Ponham a cuia no chão e afastem-se — disse a bruxa Bromélia do outro lado do círculo de bambus.

Cada pássaro trazia no bico uma semente e, num voo rasante, deixava a semente cair na terra. Tudo era feito muito devagar num movimento que parecia uma dança de asas brancas, descendo à terra e voltando ao céu, no meio de uma chuva de sementes.

A um sinal do rei Jequitibá, os grilos e as cigarras começaram a cantar, acompanhados de todos os pássaros da floresta, os do dia e os da noite. Os vaga-lumes piscavam por toda parte; os jasmins, as magnólias, as damas-da-noite e, mais que tudo, as rosas, espalhavam seu perfume pelo ar. Nunca a floresta tinha tido uma festa tão bonita.

Quando o último pássaro branco depositou sua semente na terra úmida, foi reunir-se aos outros que continuavam voando no céu em todas as direções.

A bruxa Bromélia chamou Leila:

— Tampe a luz com a metade do coquinho, retire a cuia da terra e venha para perto de mim, junto com Timo.

— Quando a rainha vai chegar? — perguntou Timo.

— Ela já chegou — respondeu a bruxa Bromélia. — Olhem lá na terra preparada.

— Então aquela ideia que eu tive, dos pássaros brancos trazerem a rainha da Espanha — disse Leila —, foi isso mesmo que aconteceu? Eles carregaram as sementes da rainha até aqui?

Ninguém precisou responder. A luz da lua cheia iluminou um raminho verde que acabava de brotar da terra. No meio da cantoria e dos perfumes da floresta, o raminho foi crescendo, botando raízes, galhos, folhas, e um tronco redondo, liso e firme surgiu diante de todos.

O rei Jequitibá acompanhava cada um dos movimentos da árvore que se formava ao seu lado e sua copa balançava soberana, curvando-se para dar as boas-vindas à rainha Acácia. Sua rainha.

17. Timo

No meio daquela alegria toda, Timo de repente se lembrou do jeito como ele tinha chegado ao bosque. Deu uma risada gostosa e disse para Leila:

— Sabe o que mais? Vou escrever um poema incrível, o melhor de todos que já fiz, contando a história do rei Jequitibá e da rainha Acácia. Depois faço uma cópia para você, com dedicatória.

— E eu nem sabia que você gostava de escrever poemas — disse Leila. — Acho isso muito legal.

— Gosto e nunca vou deixar de gostar — respondeu Timo, dando uma piscada para a bruxa Bromélia.

5.
CURIOSOS ESTUDANTES VISITAM A PAISAGEM

> *Mas quando tivermos feito tudo o que a pesquisa — coleta e comparação das histórias de muitas terras — pode fazer; quando tivermos explicado muitos dos elementos comumente encontrados nos contos de fadas (como por exemplo madrastas, ursos encantados, bruxas canibais, nomes proibidos e coisas do gênero) como relíquias de costumes antigos que uma vez já foram praticados cotidianamente, ou como crenças um dia tomadas como crenças e não como "fantasia", ainda permanecerá um ponto frequentemente esquecido: trata-se do efeito produzido hoje por essas coisas antigas, que se encontram nas histórias como elas são [...]. Tais histórias têm agora um efeito bastante independente das descobertas do folclore comparativo, que essa ciência não pode estragar ou explicar; as histórias abrem a porta para Outro Tempo, e se a atravessarmos, mesmo que seja apenas por um momento, encontrar-nos-emos fora de nosso próprio tempo, fora do Tempo em si mesmo, talvez.*
>
> J. R. R. Tolkien[1]

O HOMEM QUE NÃO PODIA MENTIR

Um dia, o rei do País de Baixo foi visitar, em seu palácio, o rei do País do Alto. Esses dois seres magníficos entretiveram-se durante três dias com questões do mundo. Depois disso, o rei do País do Alto ofereceu a seu convidado, num salão com piso dourado, aberto sobre os cumes nevados, um festim resplandecente perfumado de músicas e de bebidas raras. Quando estavam saciados, os dois soberanos, com os dedos cruzados sobre suas panças redondas, falaram sobre os tesouros que possuíam.

— Eu — disse o rei do País de Baixo — tenho um antílope com a cabeça branca, mais sábio que um ministro. Se houver um santo homem numa multidão de mil monges, ele o reconhece imediatamente e vai se encostar em seu quadril.

— Eu — respondeu-lhe o rei do País do Alto — tenho em meus pastos mil e um cavalos. Todos são excelentes. Entre eles está Melonghi, o mais belo ornamento dos dois reinos. Mas tenho principalmente um jovem que não sabe mentir. Seu nome é Ring Paï. Fiz dele o guardião de meu rebanho.

O outro meneou a cabeça e exclamou:

— Eu não acredito que exista no mundo um homem bastante puro para renunciar à mentira. E sobre isto estou pronto para fazer uma aposta. Tenho certeza de que posso obrigar seu maravilhoso servidor a distorcer a verdade em sua presença.

— Se você conseguir, dou-lhe a metade das minhas terras — disse o rei do País do Alto.

O rei do País de Baixo respondeu, sorrindo:

— Se eu não conseguir, prometo dar-lhe a metade das minhas. Nessa noite eles se separaram.

Nem bem chegou ao seu palácio, o rei do País de Baixo foi ao quarto de sua filha e pediu-lhe que partisse para as altas pastagens onde estava Ring Paï, aquele que não podia mentir. Ela foi sozinha, pelos caminhos da montanha. À noite, ela chegou à casa de pedras em que ele vivia. Ela bateu à porta baixa, pedindo hospedagem para a noite, com uma voz queixosa. Ring Paï abriu.

— Entre — disse ele.

À luz da vela, ele a contemplou e a achou bela. Ele lhe ofereceu seu leito e passou a noite embalando-a com palavras ternas. No dia seguinte, ele não quis que ela partisse. Ela se alegrou e ficou. Viveram juntos uma semana, como um jovem casal ávido um do outro. Na manhã do oitavo dia, ela se levantou antes que seu companheiro despertasse, passou terra vermelha nas gengivas, deitou-se novamente e começou a gemer.

— Jovem, que mal a atormenta? — perguntou Ring Paï, com o olhar ansioso, ainda com sono.

Ela lhe respondeu, ofegante:

— Meu peito está como um braseiro de carvão, estou sufocando, estou sofrendo desesperadamente. Meu fim está próximo.

E cuspiu no chão algo vermelho. Ring Paï achegou-se a ela, tomou-a pelos ombros:

— Diga-me, que posso fazer para afastar a morte? Se você souber, diga.

— A única coisa que pode me salvar é a carne do cavalo Melonghi — respondeu ela, com a voz rouca.

— Menina, como poderia eu sacrificá-lo? — gemeu Ring Paï.

— Ele é a joia mais pura desse reino!

E começou a andar no quarto, de um lado para o outro. Até o meio da manhã, com o coração partido, ele não disse nenhuma palavra. Depois, parando diante da cama onde jazia a falsa doente:

— Você ainda tem febre? Você está melhor? Como você se sente?

— Mais morta que doente.

Ele pensou: "Não posso deixá-la morrer assim". Pegou seu machado e foi para a pradaria.

Chamou Melonghi. O cavalo veio até ele, com a crina orgulhosa e a marcha elegante. Ring Païacariciou seu focinho e seu flanco. Lágrimas encheram seus olhos.

— Não posso matá-lo, companheiro — murmurou ele.

E voltou à cabeceira da farsante. Ela havia acabado de cobrir seu rosto com farinha, às pressas. Ele a viu tão pálida quanto um cadáver, com os olhos revirados e a boca entreaberta. Novamente ele saiu com passos arrastados. O cavalo o esperava diante da porta. Ring Paï o abraçou e disse:

— Se eu não matar você, a jovem que está ali deitada morrerá antes da noite. Que devo fazer?

Melonghi lhe respondeu:

— Chame a mais bela égua do rebanho e deixe-me sozinho com ela até o cair da noite.

Ring Paï obedeceu tristemente. Durante todo o dia ele velou a jovem. No crepúsculo retornou à pradaria. Melonghi estava deitado sobre o flanco. Ele não respirava mais. Estava morto. A égua pastava ao lado. O jovem ajoelhou-se diante do cadáver do cavalo prodigioso. Durante um longo momento ele o acariciou dizendo palavras amigáveis. Depois, retirou sua pele, cortou um pedaço de sua carne e cozinhou-a. Assim que a jovem comeu dessa carne, declarou sentir-se melhor.

Na manhã seguinte, Ring Paï foi à montanha reunir os cavalos dispersos. Quando voltou, sua casa estava vazia. Ele chamou a bela doente. Ninguém respondeu.

— Infelicidade — disse ele —, eis-me tão só e miserável quanto um mendigo. Não tenho mais nada no mundo!

Depois pensou, como um cego que de repente volta ao mundo: "Como vou dizer ao rei que seu cavalo morreu por uma jovem que fugiu?".

Ele pôs seu chapéu de peles, seu casaco de feltro e foi-se pela colina, cabisbaixo e furibundo. Parou no alto. "Talvez eu pudes-

se mentir", pensou. "Eu evitaria assim o terrível perigo que ameaça minha cabeça." Pensou um pouco e depois abaixou-se na grama. Então, arrumando pedra sobre pedra, construiu uma imitação de monarca e inclinou-se três vezes diante dele. Em seguida, postando-se ao lado dele e, com o peito inchado de real importância, disse:

— *Então, Ring Paï, ei-lo de volta. Meus cavalos magros engordaram e meu prodigioso Melonghi está com boa saúde?*

Ele voltou à sua atitude prosternada diante do falso soberano e respondeu, com um ar constrito:

— *Majestade, os cavalos magros engordaram, não falta um único cavalo gordo, mas seu Melonghi desapareceu. Roubaram-no.*

Nem bem ele havia acabado de falar, o monte de pedras desabou. "Não respondi como devia", pensou ele. "Procuremos outra coisa." E ele refez seu falso monarca, envolveu-o com seu casaco de feltro e novamente imitando a voz temível:

— *Contente em vê-lo, Ring Paï. Meus cavalos estão vigorosos, suas crinas cuidadas e meu querido Melonghi continua bem?*

Pulou para a frente das pedras, inclinou-se e, contemplando o chão, disse:

— *Majestade, infelizmente Melonghi caiu num pântano. Ele está morto.*

E novamente as pedras desabaram. Ring Paï suspirou longamente, refez a estátua grosseira, pôs nela seu boné de peles e, pela terceira vez, proferiu palavras de acolhida, perguntou com uma voz alta sobre o cavalo mais precioso de todos, depois ajoelhou-se diante do suposto monarca e, levantando a cabeça, de repente, disse:

— *Uma jovem virou-me a cabeça. Por ela, eu matei Melonghi. Ela fugiu com a pele de seu cavalo.*

Diante dele, o monte de pedras permaneceu soberanamente plantado. Ring Paï levantou-se. "Eis-me, portanto, condenado a dizer a verdade", pensou ele. E voltou para casa.

No dia seguinte, um mensageiro veio preveni-lo de que o rei desejava vê-lo. Ele logo selou sua montaria e apresentou-se no palácio do rei do País do Alto.

— Ei-lo aí, Ring Paï — disse-lhe o soberano assim que ele despontou no fundo da sala pavimentada em ouro. — Fale, estou impaciente em ouvi-lo. Meus cavalos magros engordaram? Meus cavalos gordos ainda estão no cercado? E o excelente Melonghi, está tão magnífico quanto sempre?

Ao lado do imponente monarca encontrava-se o rei do País de Baixo.

Ring Paï saudou os dois e respondeu:

— Majestade, os cavalos magros pastam. Alguns cavalos gordos ainda estão dispersos na montanha. Quanto a Melonghi, eu o matei para satisfazer o capricho de uma jovem má. Ela fugiu com sua pele.

O rei voltou-se para seu convidado do País de Baixo.

— Eu o preveni — disse-lhe ele. — Esse jovem não sabe mentir.

— Está bem — respondeu o outro. — Perdi a metade de minhas terras.

O rei do País do Alto deu a Ring Paï este meio reino. O rei do País de Baixo ofereceu-lhe em casamento sua filha, que não havia conseguido levá-lo à mentira. Na estação seguinte, um potro igualzinho a Melonghi nasceu da égua que Ring Paï havia levado ao cavalo prodigioso antes de sua morte. Enfim, quando suas costas se curvaram com o peso dos anos, os reis dos países do Alto e de Baixo confiaram juntos àquele que não podia mentir o governo de seus povos. Seu reinado foi longo e todos viveram contentes, tanto as pessoas quanto os animais e as árvores, as nuvens e os jardins, os espíritos dos mortos e os deuses das crianças que ainda iriam nascer.

Conto tibetano relatado por Henri Gougaud[2]

O BOI LEIÇÃO

Havia um homem muito rico, dono de uma fazenda muito grande. Entre o "gadame" de sua propriedade, possuía ele, nessa fazenda, um boi que era a "fulô" do curral. Chamava-se boi Leição.

E possuía também um vaqueiro que nunca havia faltado com a verdade.

Um dia esse fazendeiro foi visitar um seu compadre, também muito rico, que morava noutra fazenda encostada; e, no meio da conversa, teve ocasião de lhe dizer que tinha um vaqueiro que nunca havia mentido.

— Qual nada, compadre! Eu não acredito. Se eu que sou um homem branco e rico, minto, quanto mais seu vaqueiro!

— Pois, meu compadre, você pode mentir, eu não duvido; mas eu lhe afianço que meu vaqueiro nunca mentiu nem mente.

— Mente, compadre!

— Não mente.

— Então vamos fazer uma aposta!

— Faço a aposta que o compadre quiser.

— Pois bem, todos os meus haveres contra os seus.

— Está feito.

— Mas tem uma coisa; eu só aceito passada com tinta e papel.

Então mandaram chamar o juiz de "dereito", o escrivão e o promotor, e passaram o preto no branco, com a assinatura deles e de todas as testemunhas presentes.

Mas o compadre que propôs a aposta e que tinha três filhas, às escondidas do outro chamou a mais moça, que era a mais bonita de todas, e lhe disse:

— Minha filha, você vai fazer os gostos de seu pai. Siga por este "compra-fiado" até chegar na fazenda do compadre. Chegando lá procure a casa do vaqueiro e arranje todos os meios para morar com ele. Uma vez em sua companhia, faça tudo para lhe agradar e iludir, e quando fizer três semanas deseje comer o "figo" do boi Leição!... Peleje com ele e só me saia de lá depois que ele tiver matado o boi, que o amor de uma mulher bonita consegue tudo no mundo, quanto mais fazer um vaqueiro mentir!

A filha procedeu direitinho como o pai lhe havia ordenado. Quando chegou na casa do vaqueiro, não havia ninguém. Sentou-se no batente da porta e ficou esperando.

E às quatro horas da tarde, quando o vaqueiro apareceu tangendo uma boiada, avistou, assentada na porta dele, aquela moça, como ele nunca tinha visto tão bonita.

— Moça, faça o favor de abrir-me esta porteira!

A moça levantou-se e abriu.

Depois de trancado o gado no curral, o vaqueiro perguntou-lhe o que andava fazendo por ali. Ela respondeu que seu pai a maltratava muito em casa, todo dia dava-lhe uma surra; por isso tinha saído pelo mundo, como uma desvalida, toda rasgada e com fome, atrás de uma pessoa que lhe protegesse.

— Pois minha moça, eu sou solteiro, você também, entre para dentro e vamos morar juntos.

Era o que ela queria! E começaram a viver juntos: a moça tudo fazendo, no arranjo da casa e nos carinhos que fazia ao vaqueiro, para lhe agradar. E passaram-se assim dias de alegria e de amor. Mas, quando inteirou três semanas, a moça desejou comer o "figo" do boi Leição!

— Não, moça, eu não faço isso! O boi Leição é a "fulô" do gado do meu senhor. É o boi de sua estimação. Você escolha em toda fazenda a rês que quiser, que eu mato; menos o boi Leição!

Mas ela tanto agradou, tanto pediu e tanto fez que o vaqueiro não resistiu; baixou o machado no boi Leição e matou.

Na ocasião da janta ela só provou mesmo uma pontinha do "figo"; e no outro dia, quando o vaqueiro chegou da vaquejada, encontrou a casa limpa!

A moça tinha fugido. E ao chegar em casa, antes de dar a bênção ao pai, foi logo dando conta do seu desempenho:

— Pronto, meu pai, o vaqueiro do seu compadre matou o boi Leição!

Não se contendo em si de satisfeito, o velho fazendeiro, depois de abraçar e abençoar a filha, mais que depressa botou a sela no cavalo e seguiu para casa do compadre:

— Minhas "alvista", compadre, que seu vaqueiro matou o boi Leição.

— Não me diga uma coisa dessas, compadre, que é uma desgraça! Mas eu lhe afianço uma coisa; se ele matou, não nega!

— É o que nós vamos verificar. Mande nesse instante chamar seu vaqueiro e vamos decidir nossa aposta. Eu quero ver se ele mente ou não mente!

O vaqueiro morava duas léguas distante. E quando o portador chegou em sua casa para chamá-lo, encontrou-o no terreiro, impaciente e de olhos vermelhos, pois passara a noite toda em claro, somente pensando na história que contaria ao patrão. O boi Leição era o novilho de mais estima na fazenda, o orgulho de seu senhor, a "fulô" do cercado. Que desculpa arranjaria para dar? Haveria de arranjar.

Selou o cavalo, montou-se e seguiu viagem em direção à casa do fazendeiro. Quando chegou no meio da estrada, encontrou um toco, da altura de um mourão de cancela. Parou um momento "maginando". Depois "vastou" o cavalo para trás, pinicou-o com as esporas, fez carreira, deu uma esbarrada violenta de encontro ao toco e o cumprimentou:

— Bom dia, senhor meu amo.

— Beija a mão, meu vaqueiro — respondeu o próprio vaqueiro pelo toco, que naquele ensaio fazia as "veis" do patrão. — Como deixou nossa fazenda?

— Deixei tudo em paz, senhor meu amo; só assim vindo eu

uma boa tarde, duma bonita vaquejada, uma cobra mordeu e matou o boi Leição!

"Mas isso não é conversa de homem, não é história que eu conte ao meu patrão, que eu nunca menti...", disse o vaqueiro consigo mesmo. "Estou perdido!"

Então "vastou" outra vez o cavalo, passou-lhe as esporas novamente, riscou confronte o toco e bradou:

— Bom dia, senhor meu amo.

— Beija a mão, meu vaqueiro; como deixou nossa fazenda, tudo em paz?

— Tudo em paz, senhor meu amo; só assim vindo eu uma boa tarde, duma bonita vaquejada, o boi Leição, que vinha na frente, despencou-se do bico dum "taiado" e "torou" o pescoço no baixio!

"Mas isso é uma grande mentira. Eu não conto uma história dessa a meu amo."

E de novo "vastou" o cavalo, agarrou-o nas esporas novamente e deu um encontrão tão grande no toco, que estremeceu de cima a baixo:

— Bom dia, senhor meu amo.

— Beija a mão, meu vaqueiro; como deixou nossa fazenda?

— Tudo em paz, senhor meu amo; só assim uma grande desgraça aconteceu:

Vindo eu, uma boa tarde,
Duma bonita vaquejada,
Chegando na minha porta,
Achei uma "pilingrina" assentada;
No passar do meu batente,
Vi-lhe bonitas pernas e lindo rosto;
Palpitou-me o coração
E eu matei o boi Leição!

— Ah! isso é que é conversa de homem! — disse o vaqueiro confortado. — Dê no que der, é essa a conversa que eu vou dizer ao meu patrão.

E tocou o cavalo estrada afora. Quando chegou na cancela do cercado e que olhou para o terreiro da casa-grande, estava coalhado de gente, que tinha vindo de toda "parage", somente para ver o vaqueiro mentir.

E ao chegar mais perto, aprumou-se no animal, juntou-o nas esporas com toda força que tinha nas pernas, fez carreira e riscou no terreiro que o "poeirame" subiu; e tirando o chapéu de couro, levantou a cabeça e salvou o patrão:

— Bom dia, senhor meu amo.

— Beija a mão, meu vaqueiro — respondeu, severo, o patrão. — Como deixou nossa fazenda?

— Tudo em paz, senhor meu amo; só assim tenho uma triste notícia a lhe dar:

Vindo eu, uma boa tarde,
Duma bonita vaquejada,
Chegando na minha porta,
Achei uma "pilingrina" assentada;
No passar do meu batente,
Vi-lhe bonitas pernas e lindo rosto;
Palpitou-me o coração
E eu matei o boi Leição!

Essas palavras ainda bem não acabavam de ser ditas, e o povo todo prorrompeu em palmas e vivas que foi uma coisa nunca vista! O vaqueiro foi tirado do cavalo, nos braços.

— Então, compadre, eu não lhe disse que meu vaqueiro não mentia? — advertiu o fazendeiro, tomado de satisfação pelo que acabava de presenciar. — Mas não tem nada não, eu só aceito a metade de sua fortuna. O resto fica para você e sua família, que *eu não quero lhe deixar na miséria. Mas não se esqueça, compadre, de que meu vaqueiro não mentiu; e fique sabendo para sempre que o homem que não mente, não mente nunca!*

A metade que o fazendeiro ganhou, essa mesma ele deu ao vaqueiro, por ter sabido sobretudo prezar a verdade; e assim ficou este muito rico e não tardou a pedir a mão da moça em casamento, com muita satisfação dos dois compadres.

E no dia do casamento houve uma festa tão grande que abalou todo o pessoal da redondeza. Dançou-se sete dias com sete noites "encastoados". Naquele tempo eu ainda era solteiro, e meti-me no meio e dancei tanto que quase me acabo! A festa só se acabou no fim do sétimo dia; assim mesmo porque os dedos do tocador do harmônico, de tão inchados que estavam de tocar, não podiam mais arrastar o fole.

Conto brasileiro relatado por José Maria de Melo em Viçosa, Alagoas. Recolhido por Luís da Câmara Cascudo[3]

UMA ESPÉCIE DE INTRODUÇÃO: POR ONDE COMEÇO A PENSAR A QUESTÃO DAS ORIGENS E DIFUSÃO DOS CONTOS TRADICIONAIS

Eu já havia contado várias vezes a história tibetana de Ring Paï quando conheci a variante brasileira em Luís da Câmara Cascudo. Para quem vive procurando histórias como quem desenterra tesouros, isso de encontrar a mesma história em lugares e tempos diferentes acontece sempre. Nem por isso é considerado um fato banal. O impacto da surpresa se repete a cada vez. A pergunta — como isso pode ser possível? — ignora as respostas já conhecidas e classificadas e faz aflorar o mistério, o gosto e o cheiro desse mistério, o lugar intocado em que o conto permanece imune a qualquer explicação.

Escolhi essas duas variantes da mesma história para iniciar este capítulo porque são um testemunho especial da particularidade e da universalidade do conto tradicional.

> Os contos variam infinitamente mas os fios são os mesmos. A ciência popular vai dispondo-os diferentemente. E são incontáveis e com a ilusão da originalidade. O conto tanto mais tradicional, conhecido e querido numa região, mais universal em seus elementos constitutivos.[4]

O conto tibetano habita um país montanhoso, com picos cobertos de neve; Ring Païe Melonghi são nomes cunhados pela língua falada pelo povo do Tibete. O artifício de empilhar pedras formando a figura do rei, a "ressurreição" do cavalo no potrinho do final do conto, assim como outros acontecimentos narrativos, não se encontram no *Boi Leição*.

Por sua vez, o conto relatado por José Maria de Melo em Alagoas e apresentado no livro de Câmara Cascudo traz o colorido da fala regional (ainda que o folclorista tenha escrito muitas palavras entre aspas) do contador de histórias que transita com familiaridade pelos lugares do mundo rural, por seus costumes e modos de expressão. A quadrinha rimada, às vezes cantiga entoada, faz parte da trama de muitas histórias populares brasileiras, como uma tonalidade rara que brilha a seu modo no conjunto das cores do tecido:

Vindo eu, uma boa tarde,
Duma bonita vaquejada...

Toda vez que esbarro nessa parte da história, fico imaginando como será que o sr. José Maria de Melo a narrava. Como seria o tom de sua voz, o ritmo, a respiração, seu olhar. Eu não estava lá, que pena.

Então penso na multiplicidade dos modos de transmissão dos contos, suas inúmeras possibilidades. Durante muito tempo os contos viajaram na memória e na melodia da voz particular dos narradores.

Nunca vou esquecer d. Maria, caseira de um sítio em Caçapava, sentada comigo no chão de terra pertinho do curral:

— Cridita em princesa? — ela me perguntou de supetão, depois de um longo silêncio. — Eu cridito — ela continuou —, tem que criditá, pra podê contá.

Foi assim que ela iniciou a primeira de suas histórias, que aprendeu com seu pai quando era menina.

Também vou me lembrar para sempre de d. Militana, que veio de Natal para São Paulo convidada por Antônio Nóbrega, para participar de um evento comemorativo em torno de Câmara Cascudo, realizado por ele em seu Teatro Brincante em São Paulo. Sentada no palco numa roda de músicos e contadores, ela vestia saia e blusa bem passada, usava sapatos, e não chinelos, como deve ser seu costume; tudo parecia escolhido para uma situação especial, como se fosse festa de domingo. Diante de uma plateia repleta, ela estava de cabeça baixa, grudada na cadeira, e quando Nóbrega pediu que ela falasse, disse, sem levantar a cabeça, baixinho, que não ia falar nada não. Sentada a seu lado eu a encorajei, ela não ligou muito para mim. Esperamos todos um tempo respeitoso, até que ela começou.

Ainda hoje escuto sua voz dentro de mim, perfeitamente viva, entoando o romance da Bela Infanta. Sem levantar os olhos, sempre no mesmo tom, balançando o corpo para a frente, entregue à cadência do verso, ela foi desfiando a história cantada, a melodia repetida nas diferentes estrofes. O encantamento foi se espalhando pelo teatro todo, para dentro da gente. E, então, se deixassem, ela não parava mais de contar.

Os contos se deslocam no tempo e no espaço, ganhando expressividade particular na voz de cada narrador.

Mas eles também se transformam quando são registrados por escrito. A marca pessoal do contador de histórias aparece então no texto submetido às leis da linguagem escrita e aos critérios estabelecidos por cada narrador.

Por exemplo, o conto de Ring Paï chegou às minhas mãos relatado no livro do francês Henri Gougaud, escritor e contador de histórias. Conhecendo várias coletâneas de contos populares que esse autor elaborou, posso assegurar que ele respeita a sequência narrativa e não inventa nada que possa adulterar a estrutura original das histórias por ele pesquisadas. Mas a linguagem, o modo como os relata, traz a marca pessoal de um escritor francês, de um bom contador de histórias ocidental: "Seu reinado foi longo e todos viveram contentes, tanto as pessoas quanto os animais e as árvores, as nuvens e os jardins, os espíritos dos mortos e os deuses das crianças que ainda iriam nascer".

Assim Gougaud encerra o conto tibetano. Com certeza esse final é um texto poético de seu próprio punho, que prolonga o efeito da narrativa, como que oferecendo um espaço onde o "espírito" do texto ainda respira e permanece. Para que o ouvinte faça com calma a transição entre o mundo de Ring Paï, por onde ele passeava até então, e seu mundo. E também é importante perceber que não apenas essa criação final, mas o texto todo, nos chega por intermédio da narração de Gougaud. Não conhecemos a fonte tibetana, tal como é contada em sua cultura de origem. É um francês do século XX que narra o conto impregnado de estilo literário, característico de certa época e lugar da cultura ocidental.

Todos os compiladores e tradutores de contos se defrontam com essa questão, o que acontece também com os contadores de histórias quando narram oralmente um relato que ouviram ou leram. E cada um responde a seu modo, o que resulta em maior ou menor fidelidade às fontes, numa enorme variedade de escolhas de narração.

Câmara Cascudo, sobre isso, diz:

> A linguagem dos narradores foi respeitada 90%. Nenhum vocábulo foi substituído. Apenas não julguei indispensável grafar muié, prinspo, prinspa, timive, terrive. Conservei a coloração do vocabulário individual, as imagens, perífrases, intercorrências. Impossível será a ideia do movimento, o timbre, a representação personalizadora das figuras evocadas, instintivamente feita pelo narrador.[5]

Francisco Assis de Sousa Lima, na obra já citada no capítulo 3, diz:

> O critério de transição não obedeceu às regras fonéticas sobre as quais investem estudiosos da linguagem e da cultura popular. Por pretender antes de tudo a legibilidade, procurei transcrever as narrativas, respeitando-lhes a morfologia e a sintaxe, sem maiores preocupações de ordem fonética.[6]

> — *Fulano, cadê Fulano que saiu ontem mais você pra tal canto e não veio?*
> — *Bom, ele não veio não! Mas eu creio que ele ensinou aonde eu tava, ensinou a minha morada, e esta noite apareceu aqui numa pintura, e eu creio que ele não tá vivo não.*
> — *É possível?*
> — *Apôis num tá não!*
> — *Você sabe onde é?*
> — *Sei!*
> — *Tem coragem de ir lá?*
> — *Eu tenho.*

— Então vamo mais eu.
— Vamo.
Aí saiu. Quando chegou lá, de longe avistou as garras dele balançando no pau. As duas bandas. Uma banda balançando pro lado e pra outro. (conto "Abre-te Suzana", p. 159)

Ou:

Quer dizer que naquela tina tava os dois dono da pedra. Os dois encarregado que era quem tinha lascado o outro de facão. Tava preparado pra quando fosse uma hora da noite, aqueles nêgo que vinha, destampava ela, aquela tina, né?, e saía pra fora, matava ele, o dono da casa, e levava o dinheiro dele. Voltar pra trás dali eles iam voltar. Iam buscar o outro da outra casa, sabia onde era. (conto "Abre-te Suzana", p. 157)

Nos dois autores brasileiros, em Câmara Cascudo menos, em Assis de Sousa Lima mais, respira a alma brasileira, expressa na fala regional. Em Gougaud impõe-se o estilo literário, a marca pessoal da fala do contador de histórias, assumido por inteiro.

A questão da fidelidade, amplamente discutida por inúmeros autores, tem também sua história. Cada estudioso, folclorista ou compilador de histórias da tradição oral viveu em determinada época, o que significa dizer: cada momento histórico é um conjunto de condições materiais — certas tendências da pesquisa científica e instrumentos de investigação disponíveis — e imateriais — a concepção imaginária de cada estudioso envolvendo os critérios para compilação de histórias, sua curiosidade, sua capacidade de indagação, o que ele pensa sobre o valor e a função dos contos.

O francês Galland (1646-1715) publicou em 1707 na França a primeira tradução impressa das *Mil e uma noites*. Em suas viagens de pesquisa ao Oriente, encontrou um conjunto de contos datados do século XIII e apresentou-os ao público europeu, gerando um movimento de curiosidade sem precedentes na Europa do século XVIII. O sucesso de sua publicação foi tão grande que no corpo das *Mil e uma noites* foram acrescentados relatos que não pertenciam ao conjunto originalmente pesquisado. O trabalho de Galland foi bastante influenciado pela mentalidade europeia dessa época, é claro. Assim, ele escolheu suprimir em sua tradução certas preces que abundavam no texto árabe (por que rezas muçulmanas interessariam ao leitor ocidental?), bem como poemas (talvez por serem muito longos?) e textos considerados lascivos e picantes, inadequados, portanto, à moralidade da época.

Segundo René Khawan, que estudou muitos manuscritos diferentes das *Mil e uma noites* durante mais de cinquenta anos e apresentou sua tradução na França no final do século XX, Galland transformou as *Mil e uma noites* em "um prato exótico do qual se retiraram todos os temperos".[7] Mas reitera que é preciso fazer justiça ao trabalho de Galland. Sem dúvida, seu mérito foi ter introduzido na Europa uma obra que influenciou largamente a literatura que se produziu no Ocidente dessa época em diante.

Não podemos deixar de apontar, entretanto, que ele fez suas escolhas, como tantos outros o fizeram, antes e depois, diante da tarefa de traduzir e relatar, com sua própria voz, o material pesquisado.

O espantoso é que, independente do modo como foram executadas as escolhas de transmissão, os contos tradicionais permanecem vivos, seguem suas rotas, mudam de roupagem, desde a mais remota Antiguidade. Eles continuam atravessando fronteiras, quer se preste atenção a eles ou não.

VISITANTES ILUSTRES DA PAISAGEM DOS CONTOS. UMA VISÃO PANORÂMICA DE ALGUNS DOS PRINCIPAIS AUTORES

Aqueles que prestaram atenção às histórias orais interpretaram, a seu modo e ao modo de seu tempo, as questões relativas à natureza, origens e difusão dessas narrativas.

Diante da semelhança entre dois contos, da qual o exemplo do boi Leição e do tibetano Ring Paï é apenas um entre milhares de outros, estudiosos podem ter perguntado: em que lugar do mundo se originaram os contos de tradição oral? Quais foram os caminhos de sua difusão? O que há de comum entre os diversos contos? Como definir sua forma? Sobre o que eles "falam"?

A busca de respostas para essas perguntas começou a tomar forma sistemática no Ocidente e tornou-se uma pesquisa de moldes científicos no século XIX, a partir do Romantismo. Os românticos europeus voltaram seu olhar para as produções populares, buscando a força cultural das raízes nacionais.

No início de 1800 foi publicada na Alemanha, por Arnin e Brentano, *A trompa maravilhosa*, um conjunto de contos recolhidos da boca de contadores de histórias cuja fala oral não rebuscada encantava os pesquisadores por sua autenticidade popular.

Alguns anos depois, em 1812, surgiu a coletânea dos irmãos Grimm, *Kinder-und Haus-Marchen* [Contos para crianças e famílias], considerada um marco para a formulação do conceito de conto popular que se delineou na Europa a partir do século XIX. O trabalho dos irmãos Grimm foi fundamental para que se definisse a forma literária que ganhou diferentes nomes nas línguas europeias: *marchen*, em alemão; *contes de fées*, em francês; *fairy tales*, em inglês.

Desde essa época avivou-se o interesse pela arte narrativa de tradição oral, que já havia sido anunciado por Charles Perrault no século XVII, gerando inúmeras investigações a partir de diversos pontos de vista: estudiosos da literatura, folcloristas, historiadores das religiões, linguistas, psicólogos e etnólogos sucederam-se com teorias que produziram variadas situações que Câmara Cascudo chamou de "cisões e cismas eruditas". Numa rápida e irônica referência geral a esses estudiosos, ele diz: "Um dia, querendo Deus, irei também discutir se o jabuti representa o sol, a força criadora da vontade, um *urmythus* ou simplesmente um jabuti".[8]

Esse *urmythus* a que ele se refere foi uma invenção da escola finlandesa de folcloristas, que no século XIX e início do XX pretendia chegar à forma primordial de um conto popular (*urform*) por meio do registro e classificação de suas variantes e dos caminhos de sua difusão. Nessa escola, Antti Aarne produziu uma obra que, mais tarde, traduzida e ampliada pelo americano Smith Thompson, tornou-se referência para pesquisadores posteriores. *The types of folk-tale — a classification and bibliography*, publicada em 1928, apresentava a compilação e a catalogação de uma enorme quantidade de contos populares encontrados em vários países da Europa. Esse trabalho foi adotado, adaptado ou criticado por muitos outros autores. Dentre os que partiram da classificação de Aarne-Thompson, Câmara Cascudo organizou os contos pesquisados em: contos de encantamento, de exemplo, de animais, facécias, religiosos, etiológicos, de demônio logrado, de adivinhação, de natureza denunciante, contos acumulativos, ciclo da morte e contos de tradição, em sua obra citada.

A incansável febre classificatória característica dos primórdios da ciência ocidental, inspirada no modelo das ciências naturais, produziu engenhosas teses, contrapostas umas às outras pelos estudiosos que as criaram.

Assim, no século XIX, Theodor Benfey (1809-1881), um erudito alemão (depois corroborado pelo folclorista E. Cosquin), acreditava que a maioria dos relatos populares do mundo inteiro havia se originado na Índia, por volta do século IV, numa coleção de contos e fábulas denominados *Panchatantra* (Os cinco livros). Essas histórias teriam sido escritas para educar os príncipes hindus, dando-lhes conhecimentos sobre política, ética e aspectos básicos da vida.

Benfey dedicou-se a montar uma trilha histórica de difusão dos *Panchatantra* e descobriu que essa coleção foi levada para a Pérsia no século VI e ali traduzida no idioma pahlevi, que era a língua persa clássica. No século XII foi traduzida para o árabe, depois para o hebraico e o latim. Após a primeira tradução feita por Benfey diretamente do sânscrito para o alemão, em 1859, surgiram outras traduções em toda a Europa. Hoje essa obra se encontra também em francês, italiano, holandês, russo e outras línguas.

Outro estudioso, o alemão Max Muller, defendeu a teoria de que os contos populares teriam se originado de mitos cosmológicos arianos da Índia pré-histórica.

"Não foi bem assim", poderia ter respondido o inglês Andrew Lang. "Os contos são anteriores aos mitos." Procedendo numa investigação de caráter etnográfico, ele estudou os contos como herdeiros de práticas e crenças tribais, encontrando neles motivos que chamou de vestígios do xamanismo e do canibalismo.

Concordando com ele, Paul Saint Yves, no começo do século XX, situou a origem dos contos em rituais de iniciação, de celebração das estações e outras cerimônias de povos arcaicos. Em sua obra *Les Contes de Perrault et les récits parallèles*, publicada em 1923, formulou a hipótese ritualista sobre a origem dos contos, retomando a tese etnográfica de Andrew Lang.

Seguindo a trilha de Saint Yves, o folclorista soviético Vladimir Propp considerou os contos populares russos relacionados a ritos totêmicos de iniciação. Em seu livro *Istoriceskie Korni Volsebnoj Skazki* [As raízes históricas dos contos de fadas], publicado em 1946, ele diz:

> Até agora [...] se colhia um motivo ou tema qualquer, se recolhiam as possíveis variantes escritas e então se estabeleciam as conclusões a partir da contraposição e comparação dos materiais [...]. Do mesmo modo foram estudados temas concretos. [...] Os estudos desse tipo são bastante numerosos, fizeram progredir notavelmente nosso conhecimento da difusão e da vida dos motivos concretos, mas não resolveram os problemas de sua origem. Por isso nos recusamos a estudar o conto do ponto de vista do tema. Para nós o conto maravilhoso constitui um todo, todos os seus temas acham-se reciprocamente ligados. [...] O motivo só pode ser estudado dentro do sistema do tema, os temas só podem ser estudados em sua recíproca conexão.[9]

Para se conhecer a fonte do conto maravilhoso como conjunto, Propp investiga a unidade de sua composição relacionando-a à realidade histórica do passado. Baseando-se na teoria marxista que estabelece etapas sucessivas durante o desenvolvimento histórico que vão do comunismo primitivo até o socialismo, afirmou: "O ciclo de iniciação [...] e o ciclo das representações da morte são a base mais antiga do conto maravilhoso". E "o momento da separação do rito é também o começo da história do conto, enquanto seu sincretismo com o rito constitui sua pré-história: aqui vemos a correspondência direta entre base e superestrutura".[10]

Propp percebeu que existe uma estrutura comum a certa variedade de contos, entendendo o conceito de estrutura segundo o modelo das ciências naturais, como o da morfologia botânica, por exemplo. Ele foi capaz de vislumbrar um caráter iniciático, ordenado e significativo envolvendo as histórias maravilhosas. Mas, aprisionado pelas malhas da ideologia marxista, quis a todo custo relacionar esse caráter iniciático a determinado estado de cultura, o que resultou num esquema arbitrário, que muitas vezes está em desacordo com a própria realidade histórica. Como disse Mircea Eliade, a estrutura iniciática dos contos é evidente, mas refere-se a um cenário imaginário, descrevendo um sistema de ritos que exprime um comportamento histórico, arquetípico da psique humana. Portanto, não se ligaria a um estado preciso de cultura, a determinado contexto histórico-cultural:

> Só para dar um exemplo, Propp fala de iniciações totêmicas; esse tipo de iniciação era rigorosamente fechado para mulheres; ora, a personagem principal dos contos eslavos é justamente uma mulher: a velha bruxa, a Baba Yaga. Dito de outra forma, não encontraremos jamais nos contos a lembrança exata de um certo estado de cultura. Neles subsistem estruturas de um comportamento exemplar, suscetível de ser vivido numa multidão de ciclos culturais e de momentos históricos.[11]

Contemporâneo do movimento formalista russo, Propp empreendeu uma análise morfológica dos contos russos tradicionais, classificando-os com base numa estrutura comum. Lendo o texto como organização estritamente formal, em sua obra *Morfologia do conto*, de 1928, Propp

> vê nos motivos dos contos maravilhosos elementos decomponíveis. O jogo de variáveis, os nomes e atributos dos personagens, e de constantes, as ações que eles realizam. Só importa, para a estrutura do conto, a função dos personagens em relação ao desenrolar do relato, sejam quais forem os personagens, seja qual for a maneira como exercem sua função.[12]

Propp estabelece 31 funções e sete tipos de personagens de acordo com sua esfera de ação. Partindo de sua formulação, vários autores posteriores revisaram e criticaram seu modelo, montando e remontando variações com termos complicados, mas sempre reduzindo os contos a esquemas abstratos e descarnados, segundo meu ponto de vista.

Cito os modelos de Claude Brémond, do folclorista americano Alan Dundes e o modelo actancial de Greimas, todos eles apresentados na obra de Michèle Simonsen, que contém um panorama geral das principais abordagens sobre o conto popular até três quartos do século xx.

Prefiro deter-me em outra abordagem morfológica, realizada por André Jolles no livro *Formas simples*, por considerar a originalidade de sua contribuição ao buscar definir uma possível função para o conto tradicional dentro da produção literária.

Jolles busca na linguagem a raiz formal do fenômeno literário. Ele pesquisa a legenda, a saga, o mito, a adivinha, o ditado, o caso memorável, o conto ou o chiste "que se produzem na linguagem e que emanam de um labor da própria língua, sem intervenção — por assim dizer — de um poeta".[13]

Esse labor da linguagem é para Jolles um dos três trabalhos que fundam a unidade de um grupo humano: o camponês produz, o artesão fabrica, e para que esses dois trabalhos sejam possíveis torna-se necessário o trabalho da interpretação, fazendo com que os dois primeiros tenham sentido para o ser humano e que a compreensão desse sentido conduza à plena realização desse trabalho.

Assim, o trabalho de interpretação da linguagem é a realização e invenção poética, feito de pensamento e conhecimento.

Para definir a forma conto, Jolles investiga a expressão essencial captada pelos irmãos Grimm no conto popular, algo presente nessa forma como um "fundo" que pode manter-se, mesmo sendo o conto narrado de diversas maneiras. Esse fundo seria a forma simples do conto, à qual se associa uma disposição mental determinada.

A forma simples é diferente da artística, como o conto não é a mesma coisa que a novela. A partir do século xiv a novela apareceu na Europa como uma forma de narrativa curta, oriunda da

Toscana, onde seu representante maior foi Bocaccio. Caracteriza-se "por contar um fato ou incidente impressionante de maneira que se tenha a impressão de um acontecimento efetivo e, mais exatamente, a impressão de que esse incidente é mais importante que os personagens que o vivem".[14] Na forma artística, a linguagem é aquela própria do poeta, que confere à obra, segundo Jolles, o cunho peculiar e particular de cada autor.

Na forma simples, a linguagem permanece fluida e aberta, sendo dotada de mobilidade e renovação constante, sendo nesse caso a própria linguagem a verdadeira força de execução da substância do conto. O universo se transforma de acordo com um princípio que rege apenas essa forma, denominado por Jolles de disposição mental.

No conto, tal disposição mental deve-se ao fato de que seus personagens nos proporcionariam certa satisfação: "porque as coisas se passam nessas histórias como gostaríamos que acontecessem no universo, como deveriam acontecer".[15]

Nesse sentido, ele chama de moral ingênua a ética contida nos contos, porque se trata de um julgamento afetivo, que faz dos contos uma reparação, quase um consolo e uma fuga ao desregramento da realidade. Assim, as características essenciais da forma conto seriam o maravilhoso e a ação fora do tempo e do espaço conhecidos. No conto, esses elementos garantem a segurança da ausência do desregramento da realidade da vida, porque no acontecimento cotidiano, o que deve ser — segundo a moral ingênua do conto — não pode ser.

Outras funções para as narrativas populares surgiram nas formulações de diversos autores ao longo do século XX.

As abordagens psicológicas e psicanalíticas continuam produzindo obras até hoje. Os autores clássicos que mais extensamente escreveram sobre o assunto são Bruno Bettelheim e Marie Louise von Franz.[16]

Bettelheim, discípulo de Freud, utiliza-se de conceitos psicanalíticos para compreender a função dos contos tradicionais dentro do processo psíquico infantil. O conto seria então a expressão das etapas progressivas para a elaboração de uma síntese entre o id e o superego num ego harmonioso. Segundo M. Simonsen, esse autor

> descreve a infância como um longo esforço, frequentemente doloroso, durante o qual é preciso dominar progressivamente as decepções narcísicas da primeira infância, as fixações orais que se seguem ao traumatismo do desmame, os laços de dependência infantil e as imagos parentais ligadas a eles, os conflitos edipianos e as angústias que eles acarretam. O conto, como processo de socialização em nível de ficção, mostraria uma visão otimista da existência, afirmando o triunfo de Eros, o princípio da vida, que representaria a possibilidade de um ego harmonioso nesse mundo, para todo ser humano.[17]

Segundo a abordagem psicanalítica, o folclore, a arte e os sonhos serviriam de base para o estudo do psiquismo humano, e os motivos recorrentes nos contos seriam ligados às fantasias comuns a toda a humanidade. O texto do conto popular foi estudado por Bettelheim e outros, de modo análogo ao estudo dos sonhos analisados por Freud em suas transformações pulsionais.

Mas o próprio Freud advertiu sobre o perigo de especulações e leituras superficiais de seu trabalho. Em resposta a André Breton, que uma vez pediu sua contribuição para uma antologia de sonhos, ele disse que sem as associações do sonhador, sem o conhecimento das circunstâncias em que ocorreram, os sonhos não lhe diziam nada.

Acredito que, se não se pode interpretar um sonho fora da relação de transferência (que se dá entre o psicanalista e seu paciente), também não se pode interpretar um conto "como uma espécie de código secreto" de acordo com uma chave estabelecida pelo analista. Trata-se de um procedimento arbitrário, de uma criação do intérprete, que não leva em consideração nenhum tipo de contexto além da esfera psicológica. Como disse Mircea Eliade: "O psicólogo utiliza uma escala que lhe é própria e sabe-se que a escala é que cria o fenômeno".[18]

Marie Louise von Franz foi discípula de Jung e estudou em muitas obras os contos de fadas, do ponto de vista da psicologia profunda. Segundo a visão junguiana, os contos descreveriam o processo psíquico da individuação, a ventura da aquisição do si mesmo, por meio da representação de fenômenos arquetípicos.

Na base das religiões, mitos e contos maravilhosos e também na maioria das atitudes humanas estariam símbolos comuns a toda a humanidade, imagens primordiais que seriam manifestações de dinamismos inconscientes ou arquétipos, os componentes estruturais do inconsciente coletivo. Segundo Simonsen, à luz dos conceitos da psicologia profunda, os personagens e situações dos contos de fadas foram estudados por Von Franz como percursos simbólicos de transformação da personalidade, por meio da integração entre o inconsciente coletivo e o inconsciente pessoal.

Comentando essa abordagem, Jean de Vries contrapõe seu ponto de vista de estudioso do folclore. Embora aceitando o conceito junguiano de arquétipo como estrutura do inconsciente coletivo, argumenta que o conto não é uma criação espontânea do inconsciente como o sonho. É, antes de mais nada, uma criação literária, e o psicólogo, trabalhando com esquemas abstratos, deixa de considerar a evolução dos temas literários populares e a história dos motivos folclóricos.

Mas há também outros estudiosos do folclore cuja visão distancia-se radicalmente dos racionalistas ocidentais, por se moverem no quadro de referências do simbolismo tradicional, que integra diversas tradições de ensinamento como o budismo, o hinduísmo, o sufismo e o judaísmo, entre outras.

O metafísico cingalês Ananda Coomaraswamy fala do folclore apontando para a origem divina das sagas e dos contos populares, numa visão semelhante à dos irmãos Grimm:

> Supor que os velhos temas do folclore foram introduzidos nas escrituras, nas quais sobrevivem como elementos estrangeiros, é inverter a ordem das coisas: são, de fato, as fórmulas escriturais que sobrevivem no folclore. Em todo contexto em que foram corretamente preservados, os temas conservam sua inteligibilidade, quer sejam ou não compreendidos pelo auditório a que se dirigem. Esses temas são, antes de mais nada, formas de pensamento, e não figuras de estilo, e quem os compreende não lhes inventa um sentido, mas vê a significação do que com eles se manifestou desde a origem. [...] Não seríamos capazes de compreender a surpreendente unidade dos temas folclóricos do mundo inteiro e a piedosa atenção com a qual foi sempre assegurada sua transmissão correta sem abordar esses mistérios (porque não se trata de nada menos que isso) com o espírito em que foram transmitidos da idade da pedra até nossos dias, com a confiança das crianças, de fato, mas não com a segurança infantil daqueles que pretendem que a sabedoria nasceu com eles. O folclorista verdadeiro deve ser menos um psicólogo que um teólogo e um metafísico, se quiser entender seu assunto.[19]

Esse pensamento parte do princípio de que o saber manifesto nos contos desde suas origens é um mistério que provém de uma esfera supra-humana. O sentido pode ser inventado por diversas interpretações, mas a significação das formas de pensamento comuns ao folclore do mundo inteiro é inerente às escrituras sagradas que as originaram.

Do mesmo modo, René Guénon atribui ao povo a função de memória coletiva, receptáculo de elementos simbólicos que provém de outra esfera de realidade:

> [...] quando se trata de elementos tradicionais no verdadeiro sentido da palavra, por mais deformados, diminuídos ou fragmentados que possam estar às vezes, coisas que têm um valor simbólico real, tudo isso, longe de ser de origem popular, não é nem mesmo de origem humana. O que pode ser popular é unicamente o fato da sobrevivência quando esses elementos pertencem a formas tradicionais desaparecidas.[20]

Para Guénon, os elementos essenciais das criações do folclore emergem sem que seus autores se deem conta de que estão transmitindo, por meio de suas composições, um conteúdo de ordem superior herdado de fontes sagradas.

Claudio Mutti,[21] estudioso dos contos na perspectiva das ciências tradicionais, como Guénon, diz que quase sempre o conto conserva ensinamentos significativos escondidos em seus elementos mais fantásticos. Por isso o investigador deveria procurar neles a simbologia oculta em sua significação metafísica, e não psicológica. Mutti considera o elemento simbólico como essencial na maioria das sagas, lendas e fábulas, afirmando que o simbolismo é a linguagem mítica por excelência. É preciso reconhecer não apenas o aspecto objetivo e supraindividual dessas composições narrativas, mas também a significação metafísica do símbolo. Sua presença aliada a um conjunto de elementos ligados a uma esfera quase sempre iniciática demonstra, segundo Mutti, a pertinência da afirmação dos Grimm, sobre a origem divina das sagas e fábulas.

Dentro desse mesmo quadro de referências das ciências tradicionais, Eve Leone[22] é uma investigadora rigorosa, que demonstra grande conhecimento de autores ocidentais e orientais. De seu ponto de vista, ancorado nos principais autores que discorrem sobre o simbolismo tradicional, o racionalismo moderno reduz-se a um pragmatismo "que idolatra a ciência e a técnica, em meio a uma sofisticada barbárie", e por isso não alcança o significado dos contos de fadas:

> Vistos sob a lupa do racionalismo, os contos de fadas resistiram a todas as teorias; eles foram analisados, psicanalisados, forçados, subestimados, traídos e ignorados, e quanto mais se tenha retorcido as ideologias para apanhá-los em suas redes, mais longe se está do verdadeiro que permanece intacto em sua maravilha.[23]

Segundo Leone,* para apenas erguer levemente o véu que cobre a maravilha, não se pode oferecer mais um ponto de vista, e sim a doutrina da tradição primordial.

Seguindo o rumo que me proponho desde o início deste trabalho, interessa-me sempre mais a possibilidade de perguntar do que as respostas oferecidas pelos pensadores ocidentais, que se mostraram insuficientes para explicar a natureza mais profunda do universo maravilhoso dos contos tradicionais.

Prefiro prestar atenção quando os irmãos Grimm dizem que os contos são fragmentos espalhados pelo chão de uma joia preciosa que se quebrou, e só olhos perspicazes podem descobri-los.

Os estudiosos tradicionais propõem-se a discorrer sobre a unidade primordial dessa joia, e podemos seguir seu pensamento até certo ponto, quando nos percebemos incapazes de acompanhá-los, por não termos acesso ao simbolismo tradicional pelas vias do conhecimento científico disponível. Para os que querem aventurar-se pelo mistério em que esses autores transitam, remeto à leitura do texto de Leone em sua íntegra.

---

* Não poderia deixar de mencionar Eve Leone, já que sua contribuição, como a dos outros estudiosos das ciências tradicionais acima citados, contrapõe-se radicalmente ao conjunto de visões científicas até aqui apresentadas. Por isso mesmo, abre perspectivas para a reflexão sobre nosso objeto de estudo, forçando-nos a fazer perguntas em outras direções.

Chamo a atenção dos leitores para as diferentes visões da palavra iniciação, tal como aparece nos autores que apresentei até aqui.

Propp fala da iniciação como fenômeno histórico, datado, que teria se conservado nos motivos do conto popular como remanescentes de um estágio cultural inferior, característico de um momento evolutivo da humanidade. Enumerando uma lista de elementos encontrados nos rituais primitivos de iniciação, elabora um construto teórico abstrato, um modelo morfológico dentro do qual os contos devem se encaixar, o que nem sempre é possível.

Mircea Eliade entende a iniciação como fenômeno coexistente com a condição humana, pois toda a existência não passaria de uma série ininterrupta de "provas", "mortes" e "ressurreições". Mesmo que para o homem moderno o conto seja entendido como divertimento ou evasão, os conteúdos iniciáticos exemplares, supra-históricos, continuariam a atuar até hoje, na psique profunda, no nível do imaginário. As experiências ligadas a tais conteúdos, inicialmente religiosas, continuariam se manifestando, mesmo que a linguagem de nossos dias as traduza com diferentes nomes. Criticando o que chama de preconceitos racionalistas e positivistas do pensamento ocidental, Mircea Eliade procura transportar-se, tanto quanto possível, para a interioridade do mundo antigo, para compreender os mitos e contos a partir da espiritualidade tradicional.

Do ponto de vista dos discípulos de Jung, a iniciação contida nos contos de fadas seria uma aventura pessoal de integração psíquica.

Por mais diversas que sejam as interpretações dos estudiosos ocidentais, todas têm em comum a concepção de que os contos tradicionais podem ser explicados com formulações teóricas construídas pelo investigador.

Em contrapartida, os autores porta-vozes das ciências tradicionais falam do sagrado como uma realidade que não pode ser explicada racionalmente, incorporando o mistério de uma esfera supra-humana como dado fundamental a ser considerado na aproximação ao seu material de estudo.

Julius Evola, por exemplo, estabelece a distinção entre cultura profana e doutrina tradicional, dizendo que a ciência moderna confere valor aos contos pelo que podem conter em termos de história da humanidade, enquanto seria preciso dar valor à história em função de seu conteúdo mítico.[24]

Claudio Mutti apresenta a significação original da palavra *mythos*, que provém da raiz *mu*, da qual se originou, em grego, o verbo *muo* ("eu me calo", "eu permaneço em silêncio"). Esse verbo, na forma *muéo*, significa "eu me inicio nos mistérios", pois o termo grego para mistério tem a mesma raiz. A ligação entre mito e silêncio, que também aparece na palavra latina *mutus*, é abordada por Guénon: "É que essa ideia de silêncio deve ser relacionada às coisas que, em razão de sua própria natureza, são inexpressáveis, ao menos diretamente e pela linguagem comum. Uma das funções gerais do simbolismo é efetivamente de sugerir o inexpressável, de fazê-lo ser pressentido".[25]

Lembro-me de ter escrito[26] sobre o ensino da arte relacionado ao estudo dos contos tradicionais, recorrendo em certo ponto do texto a uma metáfora. Até hoje considero o tema dos cegos e do elefante, presente em vários relatos de autores sufis, como uma imagem pertinente para sintetizar o intrincado emaranhado de pontos de vista sobre as origens, difusão e significado desses contos.

Cada cego tocou uma parte do elefante e descreveu-o imaginariamente a partir das informações que obteve da perna, tromba, rabo, orelha e assim por diante. Surgiram tantos animais quantos cegos havia, cada um completamente diferente do outro. Nenhum, é claro, conseguiu ter uma noção de como, de fato, é esse animal.

Penso que o mesmo se dá com o conto tradicional.

Os estudos característicos do século XIX, focalizados na questão das origens e da difusão, cederam lugar, no século XX, à pesquisa da estrutura e função dos contos.

Tendo como referência a linguística, o marxismo e o movimento formalista russo do início do século XX, as abordagens do estruturalismo, da semântica e da semiologia esmiuçaram a forma literária do conto popular.

Tendo como referência a psicanálise e a psicologia profunda, estudiosos buscaram nos contos tradicionais a compreensão e a contribuição desse material para o desenvolvimento psicológico do ser humano.

Tendo como referência a antropologia e a etnologia, estudiosos das religiões elaboraram visões dos contos abordando as relações do ser humano com o âmbito do sagrado, buscando nesse quadro de referências sua significação fundamental.

Tendo como referência as ciências tradicionais, autores ocidentais e orientais consideraram os contos do ponto de vista metafísico e passíveis de ser compreendidos apenas pelo estudo do simbolismo.

Como um cego a mais, atrevo-me a escolher uma via de acesso ao meu material de estudo, que acredito aproximar-se do todo do elefante.

A primeira metáfora que utilizei no começo deste trabalho foi a da paisagem dos contos de tradição oral vista de uma janela particular, aquela que permitiria indagar sobre a natureza dessas narrativas em relação à aprendizagem humana.

Os autores que pesquisei contribuíram de diversos modos para o propósito delineado. Alguns foram pequenas janelas semiabertas, ou portas sem fechadura, ou janelas cheias de arabescos que dificultaram a visão da paisagem. Houve até certas janelas pintadas na parede, como os *trompe l'oeil* à moda ilusionista do Barroco.

Dois autores foram portas abertas que me levaram diretamente à paisagem, convidando-me a percorrê-la de tal modo que, quando voltei a contemplá-la da janela escolhida, pude vê-la com maior clareza. Tive então a nítida impressão de que poderia intuir um sentido de totalidade que seria uma direção segura para a continuidade da busca. Esses dois autores, a meu ver, trazem pistas fecundas para educadores e contadores de histórias, principalmente, e também para todas as pessoas que se encantam com as narrativas tradicionais de todos os tempos.

J. R. R. TOLKIEN — UM CONTADOR DE HISTÓRIAS

Diante desse emaranhado de produções científicas encontramos um autor como J. R. R. Tolkien, francamente em desacordo com todas elas, numa posição radical. Para ele existem "os que tomam a sopa" e os "dissecadores de ossos".

Dedicar-se a separar, classificar e catalogar os ossos que compõem o caldo que ferve no caldeirão das histórias é tarefa inglória, que deixa de lado o mais importante, que é saborear o gosto — o efeito — do conto lido ou escutado.

Ancorado como Jolles no poder fabricador da linguagem, Tolkien tem uma perspectiva bem diferente: a linguagem contida no conto maravilhoso é veículo do mistério. Ele não se ocupa da questão da origem e difusão, não lhes dando nenhuma importância.

Para Tolkien, as histórias de fadas abarcam o domínio da *faerie*, o domínio ou estado onde não apenas as fadas existem, mas também anões, bruxas, gigantes ou dragões, o sol, a lua, o céu, a terra e todas as coisas que estão nela: "Terra e pássaro, água e pedra, vinho e pão. E nós, seres mortais quando estamos encantados".[27]

Enfim, alguém fala do encantamento. Tolkien diz que uma das qualidades da *faerie* é a de ser indescritível, ou indefinível, mas ao mesmo tempo perceptível. O conto de fadas é aquele que usa ou toca a *faerie*, seja com o propósito de sátira, aventura ou fantasia. O domínio do maravilhoso define-se por sua qualidade de encantamento. A fantasia é uma arte racional, que realiza o poder do homem como subcriador, por meio do encantamento. É preciso trabalho, pensamento e uma habilidade especial para operar com a fantasia. Qualquer pessoa pode se utilizar da linguagem para dizer "sol verde", é possível imaginar um sol verde e mesmo desenhá-lo. Mas dispor essa imagem num mundo em que seja verossímil é uma tarefa que Tolkien considera "uma rara realização da arte narrativa da fantasia". Tanto as crianças como os adultos são capazes de um acreditar literário, se a arte da história for suficientemente boa.

O artista que faz a história precisa provar que é um bom subcriador. O encantamento produz um mundo secundário no qual tanto o contador como os ouvintes podem entrar, para satisfação de seus sentidos, enquanto estão lá dentro. O artista é um subcriador porque "fazemos fantasia em nossa medida e em nosso modo derivado porque fomos feitos à imagem e semelhança de um fazedor". Assim, a verdadeira arte primária, da qual a fantasia é um vislumbre, é obra do criador.

Acreditar nesse mundo secundário, enquanto se está dentro dele, é consequência da fantasia, arte do encantamento, que realiza um mundo artístico em desejo e em proposta.

Como arte racional, a fantasia não pode ser confundida com o sonho, ou com desordens mentais ou alucinações descontroladas. Ela fala do desejo, mas não no sentido psicanalítico de desejo recalcado ou sublimado, nem no sentido de desejo de justiça resultante da moral ingênua, como diria Jolles.

A natureza desse desejo é formulada como algo inerente ao ser humano, criança ou adulto. Para Tolkien, o desejo mais profundo que a arte da fantasia realiza liga-se ao efeito específico e particular que o conto maravilhoso desencadeia em sua função mais essencial: um bom conto de fadas provoca num dado momento uma mudança na respiração, um pulso diferente e uma elevação do coração, uma súbita alegria. A qualidade particular dessa alegria "pode ser entendida como um repentino vislumbre da realidade subjacente à verdade. Não é apenas um 'consolo' para a desolação do mundo, mas uma satisfação e uma resposta para a pergunta: 'Isso é verdade?'."[28]

Em primeiro lugar, o que me aproxima da reflexão de Tolkien é o fato de serem formulações de um artista, que conhece por dentro a arte de fabricar encantamento. E depois porque admite o mistério inegável, a substância inexplicável e permanente nos contos tradicionais e ao mesmo tempo aponta para a experiência pessoal resultante da apreciação do ouvinte ou leitor, em contato com esse mistério.

Focalizando o efeito que as histórias têm sobre nós, atualiza seu potencial, conversa com as pessoas que somos nós hoje. Quando leio muitos dos autores citados acima, fico com a impressão de que falam de algo do passado, que pode ser explicado como um produto de povos antigos, cujo sentido está lá, antigamente, e não vivo para nós, hoje. Então, encontrei esse sentido vivo no outro autor que comento a seguir, esse que tem guiado principalmente meu trajeto de aprender a aprender com as histórias.

IDRIES SHAH

Idries Shah foi um expoente da escola sufi de ensinamento tradicional, cuja extensa obra foi dedicada a plantar no Ocidente as sementes para a compreensão do legado sufi para o ser humano de nosso tempo. Em muitos de seus livros expõe a utilização da literatura da tradição sufi como técnica de conhecimento, tendo escrito vários textos de compilação de contos de ensinamento, ora organizados e comentados dentro de coletâneas, ora inseridos em obras nas quais os contos dialogam com os conteúdos tratados, clarificando em sua natureza sintética o pensamento articulado.

Certa vez escrevi sobre o que aprendi com esse autor:

> A contribuição da tradição sufi abarca tanto a fala do poeta Tolkien quanto a visão metafísica da natureza sagrada das narrativas tradicionais. Idries Shah, um de seus maiores representantes, nos fala de modo mais específico e detalhado sobre a experiência humana de transmissão de conhecimento através das histórias. Enquanto na visão poética de Tolkien é o sabor da cebola que, em última instância, possibilita seu conhecimento mais profundo, a abordagem técnica de Idries Shah diferencia suas sucessivas camadas, as quais, embora contendo todas essencialmente o mesmo sabor, permitem, cada uma em seu nível, experiências de natureza distinta. Assim, além do simples entretenimento, das abordagens psicológicas, antropológicas ou filosóficas, uma história pode conter outros níveis de funcionamento efetivo que só serão percebidos ou examinados quando uma certa informação fundamental se tenha operado em nosso espírito. O estudo intelectual do simbolismo seria, então, apenas um dos níveis de compreensão desse material, e não a via mais efetiva de aproximação de seu conteúdo mais profundo. Para tanto, faz-se necessário um deslocamento de atenção, do conto para o sujeito que busca apreendê-lo, isto é, deixar de procurar algo que está *oculto* no conto enquanto forma objetiva, continente em si mesmo de um conhecimento a ser *decifrado*, por qualquer meio que

seja. Em vez disso, é preciso desenvolver uma qualidade interior para compreender que a significação não está *lá*, no conto, mas na forma como este atua sobre nossa percepção.

Parece que essa perspectiva aberta por Idries Shah oferece uma possibilidade de nos aproximarmos dos contos como crianças curiosas que se deixam conduzir pelo fio da narrativa, atentas ao efeito que nelas se produz a cada acontecimento relatado. À medida que nos deixamos tocar e despertar para outros tipos de entendimento, nossa percepção se modifica, numa experiência em que nos perguntamos o que cada história nos diz naquele momento específico de nossa contingência pessoal. Como no conto chinês em que o mestre carpinteiro interroga a árvore que encontrou na floresta, à espera de transformar-se em sua mesa: "O que você tem para mim e o que eu tenho para você?".[29]

Se Tolkien foi importante em meu estudo por focalizar o efeito dos contos tradicionais sobre as pessoas e por admitir seu mistério inexplicável, mas perceptível, Idries Shah propiciou-me ir mais adiante. Além de situar o efeito e a questão do mistério dentro da perspectiva de uma escola de desenvolvimento humano, apontou-me direções no sentido da aprendizagem que os contos, como forma de conhecimento, podem desencadear, atuando em nossa percepção.

Aprender com esse material requer uma qualidade interior, uma disposição interna para perceber o mundo e nossas relações com ele, de outros pontos de vista, diferentes dos habituais, como revelam os contos de ensinamento.

Antes de relatar minha visão de um cego a mais diante do elefante, inspirada principalmente por Tolkien e Shah, ainda preciso fazer algumas considerações sobre as origens e a difusão dos contos tradicionais, assunto com que iniciei este capítulo.

Volto a Tolkien. Recorrendo a uma metáfora taxativa, ele diz que diante do caldeirão onde ferve eternamente o caldo das histórias, existem os dissecadores de ossos dos animais postos no caldo e os tomadores da sopa. Em sua visão, os folcloristas ficam reduzidos a dissecadores de ossos. Como se estudassem os contos com a postura de quem observa batráquios. Apenas tomando a sopa é possível detectar o que escapa aos estudos científicos, a natureza essencial do fenômeno estudado: "o que realmente interessa é precisamente o colorido, a atmosfera, os detalhes individuais e inclassificáveis de uma história, e acima de tudo o sentido geral que dá vida aos ossos da trama que não podem ser dissecados".[30]

Não sou tão radical quanto ele, embora a princípio seja possível compreender e concordar parcialmente com sua visão contundente sobre os dissecadores de ossos. É que, de fato, se elaboraram teorias que se contrapõem umas às outras e nenhuma delas explica de modo convincente a questão das origens ou da natureza e função dos contos tradicionais. O conto permanece maior, verdadeiro em sua totalidade significativa, num lugar que está além de tantas hipotéticas interpretações, como o elefante da história citada.

Por outro lado, acredito, discordando de Tolkien, que o paciente e minucioso trabalho científico de tantos autores realizou uma contribuição importante, mesmo que insuficiente.

Importante porque os estudiosos revelaram e registraram a presença de histórias em todos os povos da humanidade desde milênios e ao mesmo tempo realizaram um trabalho arqueológico valioso, desenterrando pistas da difusão de contos antiquíssimos em suas viagens pelo mundo afora.

Podemos aprender muito com suas descobertas. Mesmo que não compartilhe com eles a necessidade de responder à pergunta das origens (posso dormir perfeitamente à noite sem me incomodar em querer saber se o primeiro conto surgiu na Índia, no Egito, no Tibete ou no Turquestão), é por meio do trabalho realizado por eles que posso me maravilhar com a leitura do que é considerado o mais antigo poema épico da humanidade: o de Gilgamesh.

Arqueólogos franceses e ingleses, no século XIX, encontraram no Iraque e na Síria tabuinhas de argila com a escrita cuneiforme, datadas de mais ou menos 5 mil anos atrás. Quando essa escrita foi decifrada no final de 1800, revelou-se a longa epopeia do rei Gilgamesh contada em versos pelos sumérios, depois pelos babilônios e assírios na Mesopotâmia. Sabe-se que mitos de outros povos posteriores, como egípcios, gregos e persas, contêm elementos identificados como partes da lenda de Gilgamesh.[31]

Pesquisas de estudiosos também nos revelaram que o conto mais antigo de que se tem notícia foi escrito no Egito pelo escriba Anena para o filho do faraó, num manuscrito em papiro, há mais de 3 mil anos. É a história de Anpu e Bata:

> Uma das coisas mais interessantes sobre esse conto é que elementos encontrados em histórias de todo o mundo desde essa época estão contidos nele. A primeira parte tem um paralelo na história bíblica de José e a mulher de Putifar. O centro da história ocorre em mais ou menos oitocentas versões apenas na Europa, e os contadores não sabem que elas fazem parte de uma linha de transmissão que remonta à 19ª dinastia dos faraós egípcios.[32]

Câmara Cascudo diz sobre esse conto: "Os elementos do conto dos 'Dois irmãos', escrito há 32 séculos, estão vivendo nas histórias tradicionais do Brasil".[33]

No fim do século passado foram coletadas 345 versões do conto da Cinderela por uma senhora chamada M. R. Cox, além de muitas outras encontradas por vários pesquisadores que localizaram versões contadas, por exemplo, na China e no Vietnã.

Assim, quando Italo Calvino fala da "infinita variedade e infinita repetição" dos contos tradicionais, consegue apreender nessa formulação a qualidade essencial desse tipo de arte narrativa.

Os contos criados em determinado lugar e tempo ressurgem sempre entre povos distintos de épocas variadas, repetindo-se em sua qualidade que alguns chamam de arquetípica, variando segundo a invenção de narradores de diferentes culturas.

Somadeva, no ano de 1200, compilou grande parte da literatura popular indiana numa obra chamada *Katha Sarit Sagara* — o oceano da corrente de histórias. Uma imagem que sugere a mesma infinitude apontada por Calvino é também a ideia de fluxo contínuo, dos numerosos rios afluentes, que se ramificam em diferentes direções, indo e voltando para o mar, sempre.

Essa rede torrencial imaginária, que também foi chamada de a grande árvore das histórias por Tolkien, nos tem sido revelada por diligentes estudiosos. Tomemos, por exemplo, o caso da famosa coleção de contos chamada *Tuti-Nama* (Histórias de um papagaio), escrita no século xiv na cidade de Nakhshab (onde hoje é o Uzbequistão).

No final do século xiii nasceu Nakhshabi, autor do *Tuti-Nama*. Ele recebeu de um nobre persa um conjunto de 52 contos que tinham sido traduzidos para o persa a partir de um idioma originário da Índia. Nakhshabi reescreveu os contos, acrescentando citações do Corão e provérbios e versos árabes e persas. Nessa obra há histórias que procedem de diversas outras fontes: algumas vêm do *Shukasaptati* (Os setenta contos do papagaio), uma coleção de contos da Índia originalmente escritos em sânscrito. Outras podem ser encontradas também no *Panchatantra* indiano, no *Sindbad-Nama* (conhecido na Europa medieval como *O livro dos sete sábios*) e na obra *Kalila e Dimna* — versão árabe de um texto no idioma pahlavi, ou persa clássico, chamada *Karataka e Damanaka*.

Imagino a dificuldade para se acompanhar todos esses nomes e datas, portanto vamos observar no diagrama a seguir uma amostra do mar de histórias, algumas ramificações dessa corrente constante, tendo como foco o *Tuti-Nama*.

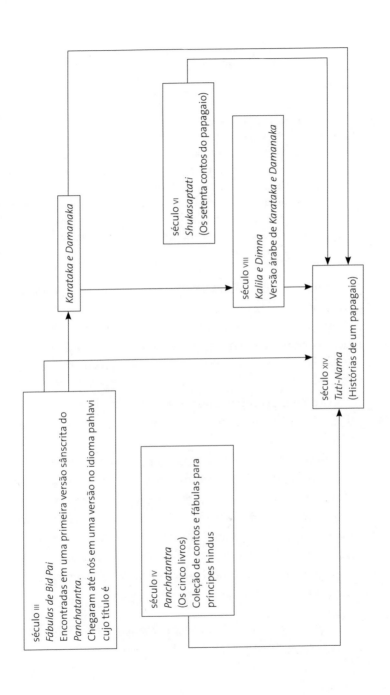

Numa esmerada publicação espanhola do *Tuti-Nama*, encontramos:

> As obras literárias em verso e prosa escritas em sânscrito, a antiga língua clássica da Índia, são muito numerosas e variadas. Muitos contos populares indianos, transmitidos oralmente desde a Antiguidade, conseguiram um lugar na literatura de muitos países. As traduções das duas grandes epopeias, o *Mahabharata* e o *Ramayana*, assim como de outras quatro obras, o *Panchatantra*, as fábulas de Bid Pai, o *Sindbad-Nama* e o *Shukasaptati*, serviram para preservar ricas coleções de folclore, lendas, histórias de amor, fábulas e apólogos morais.[34]

Muitas dessas coleções de contos chegaram à Europa principalmente nos séculos XII e XIII.

No século XIV, enquanto na Pérsia surgia o *Tuti-Nama*, ao mesmo tempo no Ocidente apareceram o *Decameron* de Giovanni Boccaccio (1313-75) e os *Contos de Canterbury* de G. Chaucer (±1340-1400).

E a corrente continuou com Perrault, os irmãos Grimm e Andersen. Assim como continuou a corrente de estudos sobre essas narrativas.

Alheios às formulações teóricas propostas e contrapostas pelas diferentes linhas de investigação científica, os contos tradicionais continuam seguindo seu percurso pelos lugares e tempos das culturas do mundo. *Katha Sarit Sagara*, o oceano da corrente de histórias de Somadeva, armazena continuamente o fluxo de afluentes na superfície da terra e também afluentes subterrâneos.

Os afluentes subterrâneos dizem respeito à sobrevivência dos contos em escritores de todos os tempos.

> Os contos têm o hábito de aparecer sempre outra vez no trabalho de grandes escritores, quase como se houvesse algo irresistivelmen-

te arquetípico neles. Dos bardos do antigo Punjab aos trovadores e cruzados, até Boccaccio e a literatura popular inglesa do século XVIII, o tema do "coração do amante" surgiu novamente nos trabalhos de Somerset Maughan.

Em seu aniversário de noventa anos, esse grande escritor relatou uma versão de um conto para seu neto. Isso foi em 26 de janeiro de 1964: exatamente 1886 anos depois do primeiro registro desse conto de que temos notícia, a história indiana — ou lenda — do príncipe Hodi e da princesa Kokla.[35]

Lembro-me de alguns afluentes desses tipo: *O Zadig*, de Voltaire, é um exemplo de reescrita de histórias árabes tradicionais.

Mallarmé dedicou-se a uma belíssima narração pessoal de contos clássicos indianos. Shakespeare utilizou muito desse material em suas peças. Goethe, Thomas Mann e Hermann Hesse na Alemanha também se valeram de fontes tradicionais em inúmeras de suas obras.

No Brasil, ressaltando-se em meio a muitos outros, Guimarães Rosa é um eloquente visitante da tradição popular brasileira como fonte essencial de seus textos literários. Permeando sua obra, os contos populares ali vivem seja por dentro da pele das palavras como inspiração sub-reptícia, seja recontados pela maestria inventiva desse grande autor.

Esses são apenas alguns exemplos, citados não com o objetivo de compilação e pesquisa, mas pinçados aqui e ali, em minha memória, com o intuito de trazer à tona a perenidade e o movimento contínuo e vivo da tradição oral. São tantos os escritores que beberam e continuam bebendo dessa fonte que é impossível conhecê-los todos.

Há também os afluentes na superfície da terra, representados pelos autores contemporâneos que escrevem histórias recriando a estrutura e os temas dos contos tradicionais. No dias atuais, lembro de citar Michael Ende e J. R. R. Tolkien.

O grande romance épico *O senhor dos anéis*,[36] que Tolkien elaborou durante anos, tem incontestável reconhecimento de público e crítica e povoa o imaginário contemporâneo. A estrutura narrativa molda-se no modelo do conto tradicional, em sua forma e em seu arcabouço simbólico. Os episódios sucedem-se combinando rigorosa pesquisa de fontes com a criação de inúmeras imagens poéticas e situações de forte impacto narrativo. A influência dessa história se expandiu em inúmeras outras produções, como jogos, grupos de afiliados, desenhos, filmes.

A história sem fim, de Michael Ende,[37] celebrizada em filmes que atraíram um público enorme, possui também a estrutura narrativa de um conto tradicional. Enquanto *O senhor dos anéis* situa-se no tempo fictício e distante, *A história sem fim* apresenta uma história com moldura contemporânea a partir da qual se desenrola o tempo mítico. Ambas têm como pano de fundo um alerta à degeneração imaginativa do ser humano atual e, cada uma a seu modo, são um hino de amor à fantasia.

Fantasia para Tolkien é arte do encantamento que produz deslumbramento e alegria. Para Michael Ende é um exercício fundamental da psique humana, que corre grande perigo de desequilíbrio e desarticulação diante da racionalidade desumana da cultura contemporânea.

Não posso deixar de citar um livro publicado no Brasil já faz bastante tempo: *A odalisca e o elefante*, de Pauline Alphen,[38] uma aventura literária extremamente bem-sucedida. Tendo como inspiração os motivos das histórias tradicionais — Sherazade já velhinha é um dos personagens —, a narrativa desprende-se dos modelos e inventa novas combinações de situações, novas no sentido de que surgem inesperadas como a marca da criação pessoal da autora. Pauline Alphen tem um excelente domínio expressivo da linguagem escrita e uma profunda doçura poética, aliada a curiosidade, senso de humor e familiaridade com o maravilhoso. Seu livro é um belo exercício de fantasia, de acordo com a visão de Tolkien sobre essa palavra.

Também no Brasil, Ricardo Azevedo[39] tem uma obra extensa em que reconta não apenas contos populares brasileiros, mas além disso traz preciosos elementos da cultura popular, como adivinhas, trava-línguas e parlendas. Existem muitas obras que fazem isso, mas o grande valor do trabalho desse escritor encantado é a invenção do livro infantil como obra de arte. O texto, ao longo do tempo, foi ficando cada vez mais brilhante como narração pessoal, como apropriação criadora do "espírito" popular brasileiro reinventado, feito de todos os ingredientes de uma boa história: humor, mistério, poesia, amor, ausência de cerimônia com as palavras, total familiaridade e precisão no trato com elas, curiosidade e maravilha. Como se não bastasse, as imagens que compõem os livros dialogam em perfeita harmonia com os textos, desenhando-se alegres, expressivas e particularmente belas.

Esses são alguns exemplos deslumbrantes de como o oceano da corrente de histórias segue seu curso perene.

Então me ponho a pensar, examinando informações, experiências e relatos de contadores de histórias, anônimos ou autores, antigos ou atuais.

Uma porção de palavras, referências e conceitos se acotovelam em camadas no percurso de diálogos com esses autores estudados: motivos, o self, o id e o ego, a moral ingênua, a fantasia edipiana, a fixação oral, elementos disjuntivos e conjuntivos, recalques, correspondências morfológicas, a *anima* e o *animus*. De propósito deixo-as "cozinhando" em cantos da memória, ali registrado o que entendi e não entendi de tudo que li.

Observo o efeito que o fenômeno da permanência inegável das histórias produz em meu pensamento, em minha intuição, em minha afetividade, em minha percepção. Respiro fundo e só então escrevo, buscando formular o que pode fazer sentido para guiar minhas ações como artista educadora.

RELATO IMAGINÁRIO DE RESSONÂNCIAS E REPERCUSSÕES*

Começo pelo assombro. Não é definível, mas perfeitamente passível de constatação, o estado assombrado e reverente que experimento diante do mar, do caldeirão, da árvore ancestral das histórias em seu movimento sem fim. De propósito, não me detenho na questão das origens. Sigo investigando o assombro. Quando pergunto pelo sentido que anima esse estado, encontro várias pistas, algumas delas já enunciadas no primeiro capítulo deste livro e nos outros subsequentes.

Todas essas pistas são para mim aproximações do mistério. A palavra mistério diz respeito a um tipo de experiência que a imaginação humana apenas vislumbra, mas que tem habitação segura num lugar certeiro dentro da gente.

Lembro-me de uma pista que encontrei num livro chamado *Histórias que curam*, de Rachel Remen.[40] Em meio a inúmeros relatos pessoais e de pacientes com que a autora conviveu, cito a história da moça judia:

> Uma jovem paciente, recuperada recentemente de uma cirurgia, contou-me uma história a respeito da preparação da refeição do feriado da Páscoa judaica para seu namorado, que era judeu ortodo-

---

* Dedicado aos mestres de todos os tempos que conhecem e vivem o que chamamos de mistério; a Gaston Bachelard — de quem tomei emprestada a ideia de ressonâncias e repercussões —; e a todos aqueles que se deixaram maravilhar pelo mundo dos contos orais desde sempre.

xo, e quarenta amigos do casal. Uma das crenças básicas do judaísmo é a de que o lar é um lugar sagrado, um local de cerimônia e ritual religioso. Muitos desses rituais estão ligados à alimentação, e vão da simplicidade da lavagem das mãos e das bênçãos do vinho e do pão do Sabá até a enorme complexidade do almoço da Páscoa. Minha paciente, nascida em família judaica, fora criada por pessoas que foram negligenciando sua prática da religião, e ela nunca havia participado da preparação de um almoço de Páscoa. Seu namorado, porém, celebrara o feriado todos os anos desde pequeno e ajudara a mãe a fazer os mesmos preparativos ano após ano. Ele os sabia de cor, e ensinou a ela.

A lei kosher proíbe ingerir alimentos preparados com leite junto com os que contêm carne. Ela se surpreendeu ao descobrir que uma cozinha judaica tradicional possui quatro jogos completos de pratos, panelas, prataria e utensílios. Um jogo é usado diariamente para os alimentos que contêm leite, e um outro jogo completo é usado para os que levam carne. Esses pratos nunca são misturados, e seu namorado possuía duas lavadoras de louça e duas pias na cozinha. Além desses dois jogos de pratos havia mais dois, um para leite e outro para carne, usados apenas na ocasião da Páscoa. A tradição manda que nesse momento os pratos e os utensílios diários sejam guardados em armários que fiquem separados e fechados e que os pratos do feriado sejam trazidos para a preparação do almoço da Páscoa. É um empreendimento monumental.

Tudo isso quase a esmagou. "Rachel", disse ela, "você nunca viu tantos pratos, panelas, facas, garfos e escumadeiras. Tudo aquilo me parecia um despropósito, mas tinha tamanha importância para Herbert que eu tremia só de pensar em cometer um erro e arruinar tudo para ele. Mas uma coisa estranhíssima aconteceu. Em certo momento, eu estava ajeitando as coisas, sozinha na cozinha, segurando uma montanha de pratos de leite usados todo dia, olhando em volta desesperadamente à procura de algum lugar no armário onde eu pudesse trancá-los. Todas as prateleiras estavam abarrotadas. Recordo-me de ter pensado: 'Mas onde é que eu vou pôr estes pratos de leite?'. E de repente eu não estava sozinha. Tive uma sensação muito real da presença das muitas mulheres que sempre fizeram essa mesma questão corriqueira, milhares e milhares delas, algumas jovens, outras velhas, em tendas, aldeias, cidades. Mulheres segurando pratos feitos de argila, de madeira, de estanho, mulheres vestidas com trajes medievais, com peles, com tecidos grosseiros e em estilos que eu nunca vira. Entre elas estavam minhas avós, que viveram e morreram em Varsóvia antes de eu nascer. Naquele mesmo instante eu soube também que, se a raça humana continuasse, haveria mulheres vestidas com tecidos que eu nem sequer podia imaginar, segurando pratos feitos de materiais ainda não inventados, que se veriam em pé em suas cozinhas enfrentando o mesmo problema. Mulheres que ainda nem tinham nascido. Elas também estavam lá. Num piscar de olhos, sozinha na cozinha de Herbert, eu estava na companhia de mulheres que representavam um período de mais de 5 mil anos. E também por todo o mundo, naquele mesmo instante, havia mulheres fazendo a si mesmas exatamente aquela pergunta, em todas as línguas humanas: 'Onde é que eu vou pôr estes pratos de leite?'. E eu também estava entre elas.

"Rachel, eu quase deixei cair os pratos, de tão surpresa. E é difícil expressar em palavras, mas aquela não foi só uma ideia, foi mais como um acontecimento. Tive uma perspectiva abrangente. Percebi que eu era um fio de uma grande tapeçaria tecida pelas mulheres em nome de Deus desde o princípio. Você poderia pensar que isso faria com que eu me sentisse pequena, mas não fez. Eu era um único fio, mas eu *fazia parte*, e isso era uma coisa que eu nunca vivenciara antes. Por alguns segundos vislumbrei algo maior, não só sobre quem eu sou, mas sobre *de quem* eu sou. Durou apenas um segundo, mas posso lembrar-me claramente. Eu me senti mudada por isso."[41]

Toda vez que leio esse texto, revivo o estado de assombro. E observei também que sempre que conto essa história para os alunos, parece que esse estado se multiplica e vejo nos olhos das pessoas o efeito de um impacto. Ressoa em mim, e acredito que em outros também, o sentimento de *pertencimento* a uma realidade apenas adivinhada, maior que a pessoa, a cultura e o tempo datado, mas que vive perenemente dentro do ser humano. Como as histórias tradicionais.

Quando encontro a mesma história numa coletânea tibetana e numa compilação de contos brasileiros, a surpresa é ao mesmo tempo envolvida no usufruto de uma certeza de pertencimento, de algo que eu conheço em algum lugar secreto, que me faz compartilhar e habitar a humanidade potencial: "é difícil expressar em palavras, mas aquela não foi só uma ideia, foi mais como um acontecimento".

A história é um acontecimento no instante que se atualiza dentro de nós: "Por alguns segundos vislumbrei algo maior, não só sobre quem eu sou, mas sobre de quem eu sou".

Pertenço a uma instância maior que a vida que vivo todos os dias, habito um lugar junto com todos os seres humanos de todos os tempos. Que como eu também se indagam sobre a significação de questões fundamentais. Os rituais de todos os tipos nos lembram disso, as histórias tradicionais também.

É como o acordar de uma lembrança. As histórias podem nos presentear com a possibilidade da recordação.

Uma outra pista me foi dada numa ocasião em que visitei um lugar chamado Aldeia da Esperança. Nesse lugar viviam pessoas com diferentes tipos de deficiências, cada uma em sua casa, sob a coordenação geral de uma equipe da qual faziam parte psicólogos e pessoas que possibilitavam o bom funcionamento da Aldeia. Parece que se tratava de uma experiência bem-sucedida em Israel e que estava sendo adotada também no Brasil. Eu fui lá para contar histórias para eles, junto com Flávio Alarsa, o músico que sempre me acompanha. O desafio era enorme e respirei fundo quando vi as pessoas entrando na sala: alguns estavam sob o efeito de remédios, outros pareciam completamente imersos em seu mundo particular, outros falavam palavras desarticuladas, havia até um casal de namorados. Eu não tinha a menor ideia do que fazer. Não sabia se iam escutar, se compreenderiam minhas palavras, se acompanhariam as histórias. Eu me perguntava *como* me comunicar com aquelas pessoas e descobri que não sabia a resposta para nenhuma de minhas perguntas.

Pensei então que deveria confiar no poder das histórias e contá-las a partir do único ponto de referência que eu tinha: o sentido que as histórias faziam para mim. O que ia acontecer era o que ia acontecer e pronto. Olhei para o Flávio e começamos. Aconteceu de tudo: gente que ria, que conversava comigo durante a história, que levantava e voltava, gente de olhos fechados, o casal sempre namorando. Havia uma moça que me chamou a atenção. Ela ficou o tempo todo com o olhar distante, em silêncio, em seu mundo. Ao final, ela falou. Com uma voz longínqua, articulando as palavras com dificuldade, como se estivesse sob o efeito de algum medicamento:

— Eu me lembrei. Do rei Midas. Tudo o que ele tocava virava ouro.

De algum modo aquela moça me ensinou muito sobre a recordação.

Recordar — quem eu sou mas não me lembro que sou.

Recordar — quem eu posso ser.

Parece que o efeito da história foi o eco de uma lembrança longínqua do lugar em que alguma coisa fazia sentido dentro daquela moça. O ouro incrustado no âmago da singularidade, que existe mesmo na pessoa cujo ego está estilhaçado.

Aquela moça não poderia viver como as outras pessoas, dando conta de desempenhar funções e decidir sobre o rumo de sua vida, com autonomia. Mas ela era capaz de viver numa casa, realizando tarefas restritas à sua condição, com acompanhamento permanente.

Não sei qual era sua condição psíquica, mas de qualquer forma ela não era dona de seu destino. Eu não podia compreendê-la, mas a história conversou com ela e tocou o ouro intacto dentro dela: "Eu me lembrei".

O conto tradicional apresenta um trajeto por meio do qual as pessoas vivem a aventura do que podem ser pela lembrança do que sempre foi.

Penso que o efeito das narrativas tradicionais nas pessoas, consideradas deficientes ou não, além do sentimento de pertencimento, tem a ver com a qualidade da recordação. É como se essas narrativas produzissem uma inserção da verticalidade simbólica na horizontalidade imaginária.

A verticalidade simbólica que se revelou para a moça judia:

> Tive uma sensação muito real da presença de muitas mulheres [...] milhares e milhares delas [...] segurando pratos feitos de argila, de madeira, de estanho, mulheres vestidas com trajes medievais, com peles, com tecidos grosseiros e em estilos que eu nunca vira. [...] eu soube também que, se a raça humana continuasse, haveria mulheres vestidas com tecidos que eu nem sequer podia imaginar, segurando pratos feitos de materiais ainda não inventados, que se veriam em pé em suas cozinhas enfrentando o mesmo problema.

E, de repente, a pessoa pode ter um vislumbre que atravessa verticalmente o horizonte de sua experiência imaginária pessoal, trazendo-lhe por um instante uma dimensão que abarca todos os tempos e lugares, de uma só vez.

Tenho a impressão de que isso é felicidade.

Não importa quem imagino que sou, como a moça judia que se imaginava alheia ao rito, nem se sou capaz sequer de imaginar qualquer coisa coerente, como a moça da Aldeia da Esperança, alheia à sua própria sorte.

Importa que, ao escutar ou ler a história de Chu, a possibilidade de transformação que sempre se vislumbrou — como verticalidade simbólica — para todos os seres humanos — se atualiza em meu horizonte pessoal que acredito imaginariamente restrito, causando uma ruptura em minha percepção imaginária, produzindo um sentido nunca antes imaginado.

Conduzida pela experiência constituída pela história de Chu, citada no capítulo 2, posso experimentar a possibilidade simbólica da transformação, que compartilho, à qual pertenço junto com toda a humanidade.

É quando me recordo de algo que sei e não me lembrava de que sabia: "Percebi que eu era um fio de uma grande tapeçaria [...]. Você poderia pensar que isso faria com que eu me sentisse pequena, mas não fez. Eu era um único fio, mas eu *fazia parte* [...] vislumbrei algo maior [...]. Eu me senti mudada por isso".

Nesse lugar, nesse instante, posso perceber a diferença entre o que sou e o que acredito ser. A recordação me traz a possibilidade de ver o que posso ser.

Ressonâncias são aproximações do mistério. Pistas são sinalizações que nos convidam a continuar pela estrada. Não há respostas. Mas as histórias, sem responder, perpetuam a curiosidade e animam o movimento na direção do mistério:

> Um menino caminhava por uma rua com uma vela acesa na mão. Um homem aproximou-se e o desafiou:
> — Menino, duvido que você saiba me dizer de onde vem a chama dessa vela.
> O menino soprou a vela e a chama se extinguiu. Então ele disse para o homem:
> — Se você souber me explicar para onde foi a chama, eu lhe digo de onde ela veio.

Que tal formular seu próprio relato de ressonâncias e repercussões?

Que tal pesquisar os folcloristas brasileiros?

O que os educadores podem formular como propostas para os alunos a partir dessa última leitura?

Que tal encontrar variantes do mesmo conto?

6.

UM ESTUDANTE ESPECIAL: MALBA TAHAN VISITA A PAISAGEM E ACABA MORANDO NELA

São infinitas as possibilidades de passeios pela paisagem dos contos. Ilustres ou anônimos, os visitantes se multiplicam pelas eras e pelos "era uma vez" que a humanidade sempre cria guiada pelos testemunhos exemplares.

Até aqui tenho procurado traduzir uma experiência de conhecimento em palavras, até onde elas podem ser articuladas pelo propósito de um sentido que vale a pena ser vivido.

Vimos nos capítulos anteriores como muitos visitantes da paisagem das histórias tradicionais criaram escolas, teorias, muitas obras de arte anônimas, testemunhos e perguntas.

Quero acrescentar a esses exemplos um visitante brasileiro que tem uma contribuição muito importante situada em particular no âmbito da educação e mais geneticamente no âmbito da história do pensamento.

Júlio Cesar de Melo e Sousa nasceu no Rio de Janeiro, no dia 6 de maio de 1895. Esse é o nome verdadeiro do professor, pesquisador e escritor Malba Tahan. A história de como esse nome surgiu é contada por seu sobrinho-neto, Pedro Paulo Salles, professor do departamento de música da Escola de Comunicações e Artes da USP:

> Tudo aconteceu porque ele tentou publicar uns contos num jornal, mas não conseguiu pois não era nem famoso nem estrangeiro. Aí ele inventou o nome R. S. Slade. Depois levou os mesmos contos para o editor do jornal, só que assinados com o nome falso, e disse: "Traduzi os contos desse fabuloso escritor americano. Dê uma lida". [...] O primeiro conto foi publicado no dia seguinte na primeira página do jornal!
> "Oras bolas", ele pensou, "então vou usar sempre um nome estrangeiro." Dito e feito. E escolheu Malba Tahan porque adora escrever histórias árabes.[1]

Malba Tahan é mais conhecido no Brasil por seu livro *O homem que calculava*, do qual falaremos mais detidamente a seguir neste capítulo. Essa obra teve muitas traduções também em vários países do mundo. Mas pouca gente sabe que ele publicou mais de cem livros, a maioria deles sobre assuntos ligados à matemática, à formação de professores e à literatura.

Malba Tahan formou-se como professor primário, depois concluiu o curso de engenharia civil na Escola Politécnica — profissão que nunca exerceu — e chegou a estudar um tempo numa escola de arte dramática.

Durante muitos anos foi professor em escolas públicas do Distrito Federal, trabalhou na formação de professores, deu aulas para alunos delinquentes numa escola no final da década de 1920. Lecionou história e geografia e foi catedrático de matemática no famoso Colégio Pedro II no Rio de Janeiro, durante doze anos.

No Instituto de Educação do Rio de Janeiro foi professor de matemática, literatura infantil, folclore e arte de contar histórias. É digno de nota que ele tenha criado na primeira metade do século xx uma disciplina chamada a arte de contar histórias, título também de um de seus livros. Nessa obra, escrita para professores, pode-se perceber claramente uma época da história da educação brasileira com suas tendências pedagógicas e também o estilo fluente e direto de um contador de histórias aliado a um propósito bastante didático de oferecer recursos e técnicas úteis para o magistério.

Além disso deu aulas em escolas particulares, publicou revistas, escreveu artigos para jornais e realizou uma enorme quantidade de conferências em vários estados brasileiros.

Existem muitos outros dados da biografia de Malba Tahan que atestam a vida extremamente produtiva de um educador brilhante, que foi ao mesmo tempo um grande contador de histórias e o inventor de um modo fantástico de pensar e ensinar matemática.

Ainda está para ser realizado um estudo que faça justiça à importância desse grande homem. Transitando por muitos campos do conhecimento, Malba Tahan elaborou sínteses fecundas entre teorias e práticas educativas, ao longo de sua experiência como professor e curioso pesquisador da arte de ensinar. Nesse caminho a literatura, especialmente a poesia e os contos orientais, desempenhou um papel fundamental.

O manancial e os afluentes das histórias marcam em Malba Tahan um tipo particular de aprendizagem, guiado pela transgressão que pode ser feita às muitas histórias oficiais, estabelecidas e repetidas como definitivas sobre nós mesmos, sobre o mundo, sobre o que é certo ou errado, possível ou impossível, verdadeiro ou ilusório.

Os sulcos desses afluentes podem abrir canais inusitados dentro das pessoas, inaugurando vias para o fluxo incessante das águas dos contos que propiciam a invenção de novas paisagens, por onde outros viajantes podem transitar.

O FABULISTA INCALCULÁVEL

> *Sonhar as fantasias e pensar os pensamentos, aí estão, sem dúvida, duas disciplinas difíceis de equilibrar.*
>
> Gaston Bachelard

Malba Tahan é um mistério complexo e, como tal, desafia interpretações que correm o risco de ser redutoras diante da grandeza de sua obra e da singularidade de sua investigação. Não pretendo explicá-la ou compreendê-la em suas várias dimensões, mas posso, quem sabe, trazer à luz um aspecto desse mistério que apresenta uma contribuição de grande valor para uma questão central da educação neste início de milênio: como a arte e a ciência podem se combinar num processo de aprendizagem? De que modo as narrativas tradicionais desempenham uma função importante nesse processo?

Minha perspectiva é a de uma pessoa que gosta de ouvir e contar histórias, que pesquisa a possibilidade de uma pedagogia que integre o duplo caminho de aprendizagem da razão e da imaginação. Desse ponto de vista contemplo o mistério Malba Tahan e busco, talvez num tributo tardio, espanar uma joia incrustada nos cascalhos empoeirados da história, na tentativa de que seu brilho outra vez revisitado possa iluminar certos olhos embaçados pela monotonia das "novas" propostas pedagógicas.

Pois Malba Tahan é daqueles seres raros e únicos que, como todo mundo, nasceu em determinada época — e que portanto é sujeito às contingências históricas — mas que ao mesmo tempo é inatingível e inexplicável no lugar que ocupa, pela síntese admirável que realizou, naquele domínio fora do tempo e do espaço que poderíamos chamar de "eternidade do homem".

Aquilo que mais me causa espanto e maravilha é encontrar num de seus inúmeros livros uma obra que realiza com simplicidade um ideal perseguido e apenas entrevisto por certos paradigmas pedagógicos contemporâneos. Quero focalizar dentro do imenso legado de Malba Tahan O *homem que calculava* e acompanhar Beremiz Samir em seu trajeto exemplar: num tempo em que não estava na ordem do dia da pedagogia investigar a complementaridade entre ciência e arte, quando Bachelard, Durand, Held, Duborgel, entre outros,[2] ainda não tinham postulado a falência do positivismo e a urgência da invenção de uma pedagogia do imaginário, Beremiz é o personagem de uma narrativa que realiza a poderosa síntese em que razão e imaginação se conjugam num processo de aprendizagem.

O *homem que calculava* é uma obra resultante da convergência de vários domínios do conhecimento humano, todos eles visitados pela curiosidade e pelo rigor erudito de Malba Tahan: os domínios da educação, da matemática, da cultura e filosofia orientais (especialmente do mundo árabe) e o da narrativa tradicional. A experiência que teve em sua vida vivida de professor e contador de histórias, de investigador da ciência matemática e estudioso do povo árabe condensou-se nessa obra singular: os vários domínios aí conservam sua autonomia, interpenetram-se e complementam-se na configuração do todo da narrativa, alinhavada pela imaginação.

Do ponto de vista pedagógico, temos nesse livro um exemplo admirável: nele, a arte não serve à ciência, num papel subalterno, mas ambas conservam sua forma específica — estrutura, elementos, princípios e leis. A ciência matemática e a arte narrativa contribuem, combinadas, para que Malba Tahan possa falar do poder que o espírito humano tem de conhecer.

O tecido da narrativa é feito de problemas matemáticos, ética, poesia, filosofia, formando uma urdidura cuja trama é um conceito de educação que faria inveja a muitos educadores contemporâneos.

A intuição admirável de Malba Tahan resolve uma questão pedagógica que está além de seu tempo, antecipando a seu modo uma resposta para formulações apenas enunciadas por pensadores como Bachelard.

Se não, vejamos. A concepção educacional moderna, que deslocou o foco de atenção da transmissão autoritária de conteúdos para o processo de aprendizagem do aluno, para o "aprender fazendo", foi entendida por muitos como a busca da concretude dos fatos pedagógicos. Assim se desenvolveram propostas em que o objetivo seria vestir conceitos abstratos com a realidade de fatos concretos, supondo com isso que a experiência de aprender se tornaria mais acessível pela proximidade com a realidade imediatamente apreensível entendida como fatual: dois números viraram duas laranjas. No apêndice a *O homem que calculava*, há até mesmo uma epígrafe ao problema do joalheiro, que diz exatamente isso: "É preciso que o professor se esforce no sentido de dar um caráter concreto aos problemas que apresenta aos estudantes" (A. Huisman).

Pois, em meu entender, essa é uma visão equivocada da proposta genial de Malba Tahan. Não é a concretude das laranjas que faz o aluno aprender melhor. Os problemas não se tornam concretos porque Beremiz conta as folhas de uma árvore. Eles continuam abstratos e pedem um raciocínio objetivo, matemático. O que Malba Tahan faz é inseri-los não no universo dos fatos, mas no universo imaginário da narrativa.

E a função da narrativa não é concretizar os problemas, mas fornecer um exemplo da função da imaginação dentro da experiência unitária de aprender. Trata-se do universo da analogia que convida, tanto quanto o pensamento matemático, ao distanciamento do concreto, a uma ruptura com o real, como diz Duborgel na análise que faz de Bachelard: "O educador da alma poética convida-a a transcender o real percebido pelo ato de imaginá-lo. O educador do espírito de objetividade convida o pensamento a transcender o concreto pela abstração".[3]

Dentro dessa perspectiva está uma visão da imaginação que foi rigorosamente formulada por Durand, a partir do estudo desse conceito desde a filosofia clássica até os autores contemporâneos. Bruno Duborgel, seu discípulo, ancorou-se na tese de Durand sobre a iconoclastia da cultura ocidental, que tem como base uma pedagogia positivista, na qual o monoteísmo da verdade e do processo racional considera o conceito como mais importante que a imagem. A partir da obra de Durand e também de Bachelard, Duborgel estudou os mecanismos totalitários que bloqueiam as expressões do imaginário na instituição escolar, mostrando como esta opera uma agressão contra a riqueza da unidade humana, ao privilegiar o pensamento direto do conceito e recalcar, subordinar e colonizar o pensamento indireto da imaginação simbólica. Duborgel advoga, citando Bachelard, a urgência de um novo espírito pedagógico, no qual os dinamismos do sujeito que sonha e do sujeito que pensa cientificamente possam atuar cada um como via diferente e irredutível de acesso ao conhecimento, num projeto educativo que realize a harmonização desses dois aspectos de nossa unidade psíquica.

Nesse novo projeto, a função da imaginação não seria pensada a partir de uma racionalidade em formação, ou seja, ela não se prestaria a ser uma instância auxiliar do pensamento científico, subordinada ou entendida como um estágio infantil, pré-lógico. Ao contrário, a imaginação deve ser vista como a faculdade de formar imagens que ultrapassam a percepção medíocre da realidade. Então, segundo essa visão, o professor

> como monitor do psiquismo imaginante, não seria um neodicionário prático e descritivo de coisas; ele redescobre e revela as coisas em seu modo de ser poeticamente possível; ele convida o alu-

no a abrir o livro do real, rigorosa e regularmente, como se abre um ícone ou um livro de maravilhas [...] para que o mundo se multiplique, para que os mitos ressurjam da terra, para que o aluno se ponha junto com seu professor cúmplice na atividade de sonhar, a ter uma visão prospectiva do invisível e do maravilhoso dentro do visível e do cotidiano.[4]

O grande desafio dessa nova pedagogia, apenas anunciada por pensadores contemporâneos, é o de promover a solidariedade das duas formas de conhecer da razão e da imaginação, que não são redutíveis uma à outra, e que operam por mecanismos diferentes, mas que podem se complementar dentro de um processo de aprendizagem.

O homem que calculava, escrito em 1937, é um exemplo de realização pedagógica desse desafio, através da utilização da forma artística da narrativa tradicional, como cenário mitológico que integra o exercício de pensar.

O conto de tradição oral, base estrutural da construção literária dessa obra, remete-nos a uma experiência de integridade. Nesse universo imaginário, os valores, a poesia, o ouro que brilha, as paisagens que se multiplicam, princesas com rostos cobertos por véus, nomes sonoros e desconhecidos, nos falam de nós mesmos e se dirigem para aquele lugar em nós intocado pela lógica do tempo/espaço cotidianos, onde estão as perguntas sem resposta, onde sabemos que tudo pode ser, onde fazemos parte da eternidade do ser humano, além do tempo e da morte, como diz G. Durand. Assim, a função das narrativas tradicionais, tão bem conhecidas por Malba Tahan, é a de alimentar a alma poética, possibilitando a educação do poder de representação imaginativa do mundo.

Principalmente, as narrativas nos falam da necessidade de significar o mundo, como diz Umberto Eco:

[...] ler ficção significa jogar um jogo através do qual damos sentido à infinidade de coisas que aconteceram, estão acontecendo ou vão acontecer no mundo real. Ao lermos uma narrativa, fugimos da ansiedade que nos assalta quando tentamos dizer algo de verdadeiro a respeito do mundo. Essa é a função consoladora da narrativa — a razão pela qual as pessoas contam histórias e têm contado histórias desde o início dos tempos. E sempre foi a função suprema do mito: encontrar uma forma no tumulto da experiência humana.[5]

Malba Tahan conhecia perfeitamente o território do conto tradicional e o poder das metáforas no processo de aprender. No capítulo 16 de *O homem que calculava* está o relato metalinguístico da lenda sobre a origem do jogo de xadrez (p. 81). A metáfora do jogo criado pelo jovem brâmane Lahur Sessa ensina ao rei Iadava como significar e aprender a entender de outra forma um problema de sua vida que o deixava angustiado: a morte de seu filho numa batalha fez com que sua existência perdesse o sentido; quando começou a aprender a jogar xadrez, cujas regras lhe foram ensinadas por Lahur Sessa, o rei disse:

> Não creio que o engenho humano possa produzir maravilha comparável a este jogo interessante e instrutivo! Movendo estas tão simples peças, aprendi que um rei nada vale sem o auxílio e a dedicação constante de seus súditos. E que às vezes o sacrifício de um simples peão vale mais, para a vitória, que a perda de uma poderosa peça. (p. 84)

Ou seja, através de uma metáfora, compreendeu "que o sacrifício de um príncipe é, por vezes, imposto como uma fatalidade, para que dele resultem a paz e a liberdade de um povo" (p. 84).

Em outro conto da tradição árabe, que Tahan reconta numa de suas obras, há o mesmo sentido que afirma o poder metafórico das narrativas. Chama-se *Uma fábula sobre a fábula*: nele, a

Verdade nua não consegue entrar no palácio do sultão Haroun al Rachid. Mas quando se veste com belas roupas e ornamentos e apresenta-se como Fábula, é imediatamente recebida com honras de rainha.[6]

Mesmo hoje em dia ainda há uma ignorância generalizada da importância e função das narrativas tradicionais dentro de um contexto educacional. Muitas vezes, a utilização pedagógica desses contos modifica os relatos no sentido da escolarização da linguagem, banalizando e neutralizando seus conteúdos: "Como se o conto, para tornar-se compatível com a pedagogia, devesse a todo custo adaptar-se a ela, ou seja, à ideia particular que ela se faz tanto da 'bela linguagem' (escolar, acadêmica), quanto da linguagem para crianças (superprotetora e tola)".[7]

Ou então os contos são utilizados para o aluno aprender a escrever, a pôr sinais de pontuação, tempos verbais etc. ... As propostas pedagógicas contemporâneas não se perguntam, na verdade, o que é fundamental: qual a possibilidade de o relato maravilhoso ter uma função em si mesma, advinda da especificidade de sua *forma literária* como tal. Nas palavras de Duborgel: em que o conto contribuiria para a formação da imaginação e para a felicidade dos sonhos?

Assim, o conto maravilhoso se transforma, na pedagogia, numa espécie de "gênero" de língua para a primeira infância, uma pré-literatura que é o início da literatura para crianças, e não para aprofundar e desenvolver, através de *toda* a existência do indivíduo, o contato com a literatura fantástica, o acesso à linguagem do imaginário, à imaginação simbólica, à cultura dos sonhos, à educação do ser humano imaginante.

Ou então o conto é reduzido a um instrumento psicológica e moralmente adaptativo:

> A criança tem necessidade [...] de uma educação que, sutilmente, unicamente por meio de subentendidos, a faça ver as vantagens de

um comportamento conforme à moral, não pela intermediação de preceitos éticos abstratos, mas pelo espetáculo de aspectos tangíveis do bem e do mal que então podem ser compreendidos por ela em toda a sua significação.[8]

Nessa visão, a pluralidade de dimensões simbólicas do conto tradicional, da qual a dimensão psicológica é apenas um dos planos, fica perdida. Além das conotações psicomorais, o conto tradicional abarca, em diferentes níveis, a complexidade da condição humana.

E Malba Tahan também sabia disso. Mesmo que, como homem sujeito às condições culturais de seu tempo, ele não pudesse ter deixado de contaminar-se de certo modo pelo aspecto moralizante da pedagogia que conheceu, sua obra permanece maior — fora do tempo — que esses eventuais deslizes. De um lado, ao falar da importância da história infantil, Malba Tahan faz uma citação comprometedora retirada de um livro de Otília de Oliveira Chaves:

> A história grava-se, indelevelmente, em nossas mentes e seus ensinamentos passam ao patrimônio moral de nossa vida. Ao depararmos com situações idênticas, somos levados a agir de acordo com a experiência que, inconscientemente, já vivemos na história. Por isso, em nossos dias, pais e professores bem orientados e inteligentes empregam a história como meio eficaz de corrigir faltas, ensinar bons costumes, inspirar atitudes nobres e justas, enfim.[9]

Ao que parece, Tahan concorda (digamos, uma parte dele concorda) com essa citação que ele insere no meio de outras, diferentes em conteúdo, para exemplificar os quatro aspectos que, segundo ele, dão importância às histórias: sua universalidade, sua influência, os recursos que oferece aos educadores e os benefícios que poderá proporcionar à humanidade.

Mas, por outro lado, insisto que esse deslize apenas revela que ninguém é perfeito! Pois, mesmo que em algumas passagens de O *homem que calculava* apareça esse caráter moralista, o todo de sua obra e sua compreensão do valor do relato maravilhoso transcendem em muito essa limitação.

A narrativa da história de Beremiz, em sua autonomia, convida a imaginação a aventurar-se pela beleza, pela poesia, pelo valor em si mesmo do exercício de configurar imagens, nutrindo a alma poética. É esse exercício que fornece o campo de sentido em que se inscrevem os problemas propostos ao raciocínio objetivo. Não é a concretude dos fatos, mas o espaço de significação que propicia a síntese poderosa da aventura de aprender. Essa é a contribuição genial e única de Malba Tahan, aquela que não isola numa gaveta o pensamento racional, nem o vê como superior e como uma exclusiva habilidade de conhecer.

E também não se equivoca tornando concreto o que é por natureza abstrato: o que Malba Tahan faz é entender o pensamento matemático como atividade indissociável à vida do ser que pensa; nela devem colaborar entre si os aspectos que compõem a integridade da pessoa humana: sua curiosidade, intuição, percepção, pensamento racional e imaginação.

Então ele cria uma obra em que ensinar matemática (como poderia ser português, geografia etc. ...) não é tarefa que se circunscreve e se reduz ao exercício de um aspecto (o raciocínio objetivo) dentre as várias possibilidades humanas de responder a questões. Conhecer não é resolver problemas. Ou melhor, resolver problemas não se resume a operar com categorias racionais. Principalmente, aprender pode não ser apenas se movimentar na linearidade positivista da relação causa e efeito. Mas alguém pode sentir-se chamado pela significação do ato de pensar e descobrir relações lógicas e matemáticas porque fazem parte da vida do ser humano como um todo, em sua relação com a natureza, com o cosmos, com os outros e consigo mesmo. E é disso que falam as histórias tradicionais. Através do contato com o relato maravilhoso, em O *homem que calculava*, os problemas matemáticos permanecem abstratos e nos convidam, em sua especificidade, a pensar logicamente, mas enfim eles fazem sentido porque o ser humano faz sentido. Sua significação e toda a significação da aventura de conhecer se inscreve no universo da vida, contido nas histórias.

O final de O *homem que calculava* sintetiza essa proposta, construída ao longo do livro, que permite tanto a educação da alma que sonha quanto a do espírito que pensa, por vias distintas mas complementares, integradas na unidade da pessoa que aprende: "Não resta dúvida. De todos os problemas, o que Beremiz melhor resolveu foi o da vida e do amor. E aqui termino, sem fórmulas e sem números, a história simples da vida do homem que calculava".[10]

Acompanhando a trajetória de Beremiz, podemos apreender as múltiplas funções da narrativa dentro da magnífica proposta pedagógica de Malba Tahan:

1) a função mais abrangente, que engloba todas as outras, a que articula, através do exercício da imaginação, a obra como um todo: é a função de fornecer o cenário que educa a alma poética, que engendra o universo do sentido. Tudo acontece dentro de uma história — sequência encadeada de ações de personagens — cuja estrutura é a do conto tradicional: o personagem central Beremiz passa por peripécias e, depois de conhecer a revelação do amor, enfrenta e vence provas definitivas e tem, como recompensa final, o casamento com sua amada. O tecido da narrativa é feito de ricas descrições de aspectos variados da vida (refeições, roupas, paisagens, tipos físicos etc.), humor (como por exemplo as falas pontuais de alguns assistentes do

torneio das sete perguntas, dizendo que não estão entendendo nada a respeito das soluções dos problemas propostos), muitas citações de poemas, ensinamentos de ordem moral, suspense (por exemplo, na narração da história das escravas de olhos negros e azuis) e, é claro, a louvação da beleza e do amor, indissociáveis ao saber;

2) a função de informar sobre conteúdos da ciência matemática: origens dos sistemas numéricos, simbolismo dos números, dados sobre a vida e obra de antigos matemáticos de diferentes países;

3) a função de educar o pensamento matemático pela proposição de problemas, principalmente pela maneira como esses problemas se encadeiam com o todo da narrativa e também por sua qualidade e engenhosidade, incitando a curiosidade e propondo um desafio complexo (veja-se, exemplarmente, o problema da metade x da vida);

4) a função de apresentar uma visão do conhecimento matemático em seus vários níveis, o que na verdade é uma visão filosófica do conhecimento humano, que está contida — enquanto verdade — dentro da fábula do torneio das sete perguntas feitas a Beremiz,[11] repito, logo depois de ele ter tido a revelação — também em forma poética — do amor que lhe devota Telassim.

Nesse torneio, a fábula fala do sentido maior que envolve a atividade de calcular, apenas um dos aspectos da ciência matemática. Através dessa fábula, Tahan fala dos múltiplos (sete) planos de significação do conhecimento matemático. São sete provas-questões feitas a Beremiz por sete sábios diferentes:

A primeira fala do poder da memória e de operações e regras banais de cálculo.

A segunda fala da importância do conhecimento histórico, do desenvolvimento e progresso da matemática através dos séculos; trata-se de conhecer as obras que os matemáticos deixaram em benefício da condição humana.

A terceira trata do raciocínio que conduz à verdade e leva à reflexão sobre a falsa indução.

A quarta apresenta o matemático como alguém que precisa ser capaz de "unir o material ao espiritual", resolvendo problemas humanos e transcendentais.

A quinta diz que o valor de um sábio só pode ser medido pelo poder de sua imaginação.

A sexta fala do exercício da lógica.

E, finalmente, a sétima e última questão apresenta a metáfora da leveza como o plano mais sutil do conhecimento matemático, seu nível mais profundo, em que a solução de um problema é ao mesmo tempo um poema de beleza e simplicidade, um ato de amor.

Quantas diferentes coisas é possível aprender através dessa forma de ensinar. Num plano, eu acompanho uma história que fala à minha imaginação, pela riqueza de detalhes, pelo encadeamento das situações, pela variedade de climas (desafio, suspense, humor etc.). Em outro plano, sou levado a ausentar-me do maravilhoso e deter-me no problema que é apresentado, valendo-me exclusivamente de meu raciocínio lógico, onde o que conta não é o tamanho ou a cor da balança, nem se ela está num palácio ou numa tenda: é preciso entender, abstratamente, as operações mentais realizadas para descobrir em apenas duas pesadas qual a pérola mais leve. Em outro plano ainda, descortina-se para mim um universo de significação: aquele que dá sentido à atividade de calcular, inscrevendo-a como parte de uma complexidade maior que configura a ciência matemática como um todo. É transitando por esses e ainda por outros planos, todos eles costurados na narrativa, que se forma, para mim, meu próprio conhecimento da matemática, pela experiência de uma pluralidade significativa, isto é, viva.

Eu gostaria de ter aprendido matemática assim, quem não gostaria?

A matemática que me ensinaram na escola me deixava sem dormir à noite (eu me sentia burra) e me perseguia como um fantasma desprovido de sentido porque me era apresentada de forma "descarnada", apesar de concreta: João foi à feira e comprou vinte dúzias de bananas...

A matemática, tal como é concebida por Malba Tahan, me fala do sentido de sonhar e pensar para que eu possa conhecer a beleza, o amor e a verdade, que o exercício complementar da narrativa e do cálculo me revelam, guiados pelas belas mãos da fábula.

Enquanto Bachelard elucubrava filosoficamente um novo espírito pedagógico, Malba Tahan realizava, sem nenhuma elucubração, *O homem que calculava*.

Esse livro é antigo e tem um valor inestimável: abre, para quem quiser, perspectivas fecundas. Fico pensando, ao terminar este texto, em duas coisas que não me saem da cabeça.

Primeiro: por que será que Malba Tahan é tão pouco conhecido e principalmente tão pouco utilizado pelos educadores brasileiros?

Segundo: não é uma pena que constantes modas pedagógicas vindas do exterior seduzam tanto nossos professores, obrigando-os a se "reciclarem" com as "novas" propostas, quando temos aqui mesmo e já há tanto tempo, uma obra fantástica como a de Malba Tahan, que permanece incólume, quase inexplorada, e muito mais revolucionária que qualquer modismo contemporâneo?

COMENTÁRIO PARA EDUCADORES E CONTADORES

Nessa época de Malba Tahan, vários autores escreveram sobre a importância de contar histórias para a formação das crianças: Mary Shedlock na Inglaterra, Ruth Sawyer nos Estados Unidos, Malba Tahan no Brasil. Pesquisar esses autores.

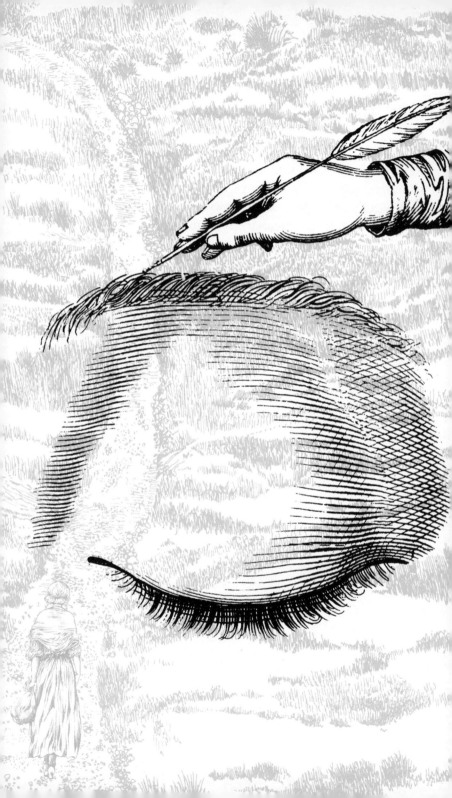

PORTAL II:
À ESPERA DE OUTROS VISITANTES

Termino, então, este meu relato de visitante da paisagem das narrativas tradicionais com uma derradeira história.

COMO O CONHECIMENTO FOI OBTIDO

Certa vez um homem decidiu buscar o saber de que necessitava. Iniciando sua busca, dirigiu-se à casa de um sábio.

Ao chegar, foi logo dizendo:

— Sei que é um homem de sabedoria. Permita-me possuir uma parte de seus conhecimentos, para que possa ampliá-los e converter-me numa pessoa de algum valor, pois sinto que agora nada sou.

Ao que o sábio retrucou:

— Posso dar-lhe tal conhecimento em troca de algo de que necessito. Vá e traga-me um pequeno tapete, pois tenho que dá-lo a alguém que poderá continuar nossa obra sagrada.

E desse modo, o homem se foi. Chegou a uma loja de tapeçaria e disse ao dono:

— Dê-me um tapete, um pequeno servirá, pois devo entregá-lo a um sábio, que por sua vez me concederá o conhecimento de que necessito. Ele precisa desse tapete para presenteá-lo a alguém que poderá assim continuar nossa tarefa sagrada.

O negociante de tapetes disse:

— Você descreveu sua situação, a missão do sábio e as necessidades do homem que fará uso do tapete. Mas e quanto a mim? Eu preciso de fios de lã para tecer o tapete. Traga-me o necessário e eu o ajudarei.

E assim o homem foi em busca de alguém que lhe pudesse ceder o material exigido.

Quando chegou à cabana de uma fiandeira, disse:

— Fiandeira, dê-me umas meadas. Preciso delas para entregar a um mercador de tapetes que assim me dará um pequeno tapete, que entregarei a um sábio. Este, por sua vez, o dará a um homem que deverá realizar nossa sagrada tarefa. Em troca, eu obterei o que almejo: o conhecimento.

A mulher respondeu prontamente:

— Você precisa dessas meadas, mas e eu? Não me interessa sua conversa sobre você, seu sábio, seu negociante de tapetes, nem o homem que necessita do tal tapete. Não pensou em mim? Preciso de pelo de cabra para tecer o fio. Arranje-me algum e aí terá o que deseja.

E foi assim que o homem saiu à procura de alguém que pastoreasse cabras. Quando encontrou tal pessoa, lhe contou seu problema.

— E quanto a mim? — retrucou o pastor. — Você precisa de pelo de cabra para adquirir conhecimento, eu necessito de cabras para obter o pelo. Consiga-me uma cabra e o atenderei.

E lá se foi de novo o homem, procurando agora quem vendesse cabras. Quando encontrou quem procurava, relatou suas dificuldades e obteve esta resposta:

— Que sei eu sobre o conhecimento ou sobre fiação e tapetes?

Tudo que sei é que cada um parece cuidar apenas de seus próprios interesses. Falemos, em troca de minhas necessidades, se você pode atendê-las, aí então falaremos sobre cabras e você poderá pensar o quanto queira sobre o conhecimento.

— Quais são suas necessidades? — indagou o homem.

— Preciso de um curral para guardar minhas cabras à noite, pois várias se extraviam pelos arredores. Providencie um curral e então poderá ter uma cabra ou duas.

E assim o homem saiu em busca de um curral. Perguntando aqui e ali, chegou à presença de um carpinteiro que disse, depois de saber do que se tratava:

— Sim, eu posso fabricar o curral de que essa pessoa necessita. Quanto ao mais, poderia ter me poupado ouvir o relato de certos detalhes, pois não estou interessado nem em tapetes, nem no conhecimento que você procura e coisas assim. Mas tenho uma aspiração e seria conveniente para você ajudar-me a realizá-la, do contrário não me sinto obrigado a fazer o curral.

— E qual é sua aspiração? — perguntou o homem.

— Eu quero casar, mas ninguém parece interessado em se unir a mim. Veja se pode arrumar uma esposa para mim, então volte para resolvermos seu problema.

O homem se foi. Depois de exaustivas averiguações, acabou encontrando uma mulher que lhe disse:

— Conheço uma jovem cujo único anseio é casar-se com um carpinteiro exatamente como o que você acaba de descrever. Na verdade, ela só tem pensado nele até hoje. Deve ser uma espécie de milagre que ele realmente exista e que essa moça venha a saber disso por meio de nós dois. Mas, e quanto a mim? Cada um quer o que quer e as pessoas aparentam precisar de coisas, ou desejá-las, ou imaginam necessitar de ajuda, ou ainda desejam ser ajudadas, mas nada foi dito ainda sobre minhas necessidades.

— E quais são elas?

— Desejo somente uma coisa — retrucou a mulher. — E a venho desejando há longos e longos anos. Ajude-me a consegui-la e você terá então tudo que eu possua. Essa coisa que desejo, já que tenho experimentado todas as demais, é o conhecimento.

— Mas não podemos obter conhecimento sem um tapete — retrucou o homem.

— Ignoro o que seja o conhecimento, mas estou certa de que não é um tapete.

— Não — disse o homem, percebendo que deveria ser paciente —, mas com a moça para o carpinteiro podemos conseguir o curral para as cabras. Com esse curral podemos obter o pelo de cabra. Com o pelo de cabra podemos conseguir o fio. Com este podemos obter o tapete. E com o tapete podemos adquirir o conhecimento que nos falta.

— Parece-me absurdo e, no que me toca, não chegarei a tais extremos. — E, apesar das súplicas do visitante, a mulher forçou-o a retirar-se.

Tantas dificuldades e a confusão que estas lhe trouxeram de início quase fizeram-no descrer da raça humana. E se indagava se poderia usar o conhecimento, quando o obtivesse, e por que aquelas pessoas pensavam unicamente em seus próprios interesses. E pouco a pouco começou a pensar somente no tapete.

Certo dia nosso homem vagava pelas ruas de um povoado de mercadores, monologando.

Um certo mercador o ouviu e acercou-se dele para captar suas palavras. O homem estava dizendo:

— Necessita-se de um tapete para entregá-lo a um homem, a fim de que ele possa realizar essa sagrada tarefa que é a nossa.

O mercador percebeu haver algo de excepcional naquele viajeiro errante e lhe falou nestes termos:

— Homem errante, não entendo o sentido de suas palavras, mas tenho profundo respeito por uma pessoa como você, que *busca o Caminho da Verdade. Ajude-me, por favor, se puder, pois sei que os que seguem esse caminho cumprem uma missão especial no mundo.*

O viajante ergueu a vista, notou angústia no rosto do mercador e lhe disse:

— Estou sofrendo e tenho sofrido. Sei que, sem dúvida, está em apuros, mas eu nada tenho. Nem sequer posso conseguir umas poucas meadas que tanto me fazem falta. Mas peça-me o que deseja e farei tudo que eu puder.

— Saiba, homem afortunado, tenho uma filha única e bela. Ela está sofrendo de uma enfermidade que a faz definhar aos poucos. Venha vê-la e talvez consiga curá-la.

A angústia daquele homem era tal e tão grandes as suas esperanças depositadas em nosso homem que este foi ver a enferma.

Assim que a jovem o viu, disse:

— Não sei quem é, mas sinto que poderá me ajudar. De qualquer modo, não há ninguém mais. Estou apaixonada por um carpinteiro. — E descreveu o homem a quem o viajante pedira para fazer o curral das cabras.

— Sua filha quer casar-se com um honesto carpinteiro que conheço — disse o viajeiro ao mercador.

Este se achava inquieto, pois pensara que a conversa da jovem sobre o carpinteiro fora o sintoma, não a causa da moléstia. Na verdade, ele a imaginara a um passo da loucura.

O viajante então foi procurar o carpinteiro, que acabou construindo o curral para as cabras. O vendedor de cabras lhe deu alguns excelentes animais. O homem levou-os ao pastor, que lhe deu o pelo de cabra e este foi levado então à fiandeira, que fez as meadas. Então o homem levou as meadas ao negociante de tapetes, recebendo deste um tapete pequeno.

O homem entregou o tapete ao sábio. Ao chegar à casa do sábio, este disse:

— *Agora posso dar-lhe o conhecimento desejado. Mas você não teria podido trazer este tapete a menos que trabalhasse para ele e não para você mesmo.*[1]

Para professores, contadores de histórias e outros leitores que conversaram com este livro até aqui, guiados pelos mais variados anseios, indagações e motivos, pergunto:

Em sua experiência, que elementos compõem seu tapete?

O meu começa com a concepção de um propósito, de uma intenção. Ele se forma primeiro como um desenho imaginário, feito de perguntas sobre a importância e a função de contar histórias, como parte de uma situação de aprendizagem. É o que conto no começo deste livro. Os dados de cada situação — uma classe de alunos de determinada escola, uma audiência de crianças numa biblioteca ou num hospital — têm características particulares relacionadas entre si, compondo uma grande teia de fatos, acontecimentos, informações, procedimentos, dificuldades, requisitos e necessidades.

A observação e a experiência de estudo e atuação nessa rede de relações criam uma urdidura imaginária, ponto de partida para a concepção de um possível tapete.

Um educador, ele mesmo parte dessa trama, considera seus alunos como ouvintes e criadores de suas próprias histórias e o lugar que ocupam nesse conjunto de relações. A conversa do carpinteiro com a árvore que irá se transformar em sua mesa, parte do conto que apresentei no capítulo 2, revela um modo de aproximação possivelmente eficaz: "Alunos, o que vocês têm para mim e o que eu tenho para vocês?".

Os alunos têm curiosidade e vontade de aprender. Mas também carregam entraves e condicionamentos, pertencem a determinada classe social, estão numa escola que tem uma visão pedagógica mais ou menos delineada, vivem em famílias com certas características e participam de uma cultura com valores disseminados pelos mais variados modos de comunicação.

O mesmo se dá com os educadores, que, além de compartilharem com seus alunos suas próprias determinações sociais e culturais, estão encarregados de uma disciplina com seus objetivos, conteúdos e estratégias, convivendo com outros professores e outras disciplinas que formam o currículo escolar.

O que é então um tapete, nesse conjunto de determinações? Como ocorre a preparação do educador para contar histórias levando-se em conta essa trama de variantes?

Então o propósito, desenho imaginário do tapete, pode conduzir o passeio pela paisagem dos contos. Cada educador pode se perguntar qual o papel do negociante de tapetes, da fiandeira, do pastor de cabras, do carpinteiro que faz o curral e da moça apaixonada em seu caminho dentro da paisagem dos contos. No que esses personagens contribuem para que ele aprenda a confeccionar seu tapete?

Como ele pode exercitar recursos internos para conversar com as histórias e preparar-se para escolhê-las e criar suas ações de contá-las para seus alunos?

Como ele pode avaliar a experiência de relatar contos dentro de um conjunto de ações pedagógicas?

Como ele pode se preparar para acolher o inusitado, como parte presente de sua ação de buscar o tapete? Afinal, a moça apaixonada não era nada previsível na história e por meio dela o homem conseguiu finalmente realizar sua tarefa...

Na experiência do educador, o que pode ser "pensar apenas no tapete"?

Foi pensando apenas no tapete que organizei o raciocínio deste livro, transformando em palavras meu próprio caminho de aprender a contar histórias. Por isso é importante fazer todas as perguntas, cujo objetivo é ensejar um convite a cada leitor deste livro para percorrer a paisagem dos contos, guiado por pistas de visitantes, mas principalmente guiados pela curiosidade para criar seus próprios equipamentos de viagem.

As perguntas que faço aos contadores de histórias, amadores ou profissionais, são as mesmas que faço aos educadores, apenas mudando o contexto das determinações.

Os contadores de histórias também podem realizar uma concepção imaginária de seu propósito/tapete, como uma direção inicial para seu passeio na paisagem dos contos.

Ao perguntarem à sua audiência: "O que vocês têm para mim e o que eu tenho para vocês?", abrem-se numerosas outras perguntas que envolvem a ação de contar histórias, reunidas em três grandes campos de investigação:

1. O que é a preparação e quais são os atributos de um bom contador de histórias?
2. Qual a natureza, estrutura e função dos contos?
3. Quais são os efeitos da escuta de contos numa audiência e como propiciar uma escuta que seja uma experiência significativa?

É importante notar que essas perguntas também fazem parte da urdidura do tapete dos educadores.

Não é possível, nem adequado, redigir um manual, um receituário ou qualquer coisa que se assemelhe a uma prescrição metodológica da arte de contar histórias. Por isso este relato é feito de metáforas, perguntas e determinados conceitos e pistas encadeados por um modo pessoal de aprender. Um modo particular que estabelece um portal, uma passagem aberta para uma visita de cada leitor, de cada leitora particular.

Desejo que cada pessoa possa encontrar em alguma passagem deste livro a coragem e a disposição amorosa de Chu, personagem do conto relatado no capítulo 2, para imaginar seu próprio tapete. E depois encontrar os personagens desse último conto, o negociante de tapetes, a fiandeira, o pastor de cabras, o carpinteiro, a mulher obstinada, a moça apaixonada, e conversar com cada um deles até descobrir como todos juntos podem realizar a tarefa que é uma só, desde que seja possível focalizar aquilo que é essencialmente importante.

Mais que nunca, precisamos no mundo de hoje descobrir aquilo que é essencialmente importante para nossa vida. Bons contadores de histórias têm uma função inigualável nessa tarefa, parte da aventura eternamente humana de buscar e distinguir qualidades, tais como se manifestam em tudo que existe.

NOTAS

PREFÁCIO À EDIÇÃO DE 2015 [PP. 11-23]

1. Gaston Bachelard, *La poétique de la Rêverie*. Paris: P.U.F., 1971.
2. A etnomusicóloga Lydia Hortélio formou em suas pesquisas uma vasta coleção de brinquedos e extenso acervo audiovisual sobre o fenômeno lúdico na infância. Criou a Casa das Cinco Pedrinhas, lugar de brincadeiras, vivência, pesquisa e documentação, estudos e irradiação da cultura da criança, com sede em Salvador e representações em Minas Gerais e São Paulo. Participa de vários projetos de educação e busca despertar uma consciência de Brasil, através de práticas educativas com identidade cultural. Publicou os livros: *Uma experiência em educação*, *História de uma manhã*, *O presépio ou O baile de Deus Menino: um Natal brasileiro*, além de ter gravado os CDs *Abra a roda*, *tindolelê* e *Ô, bela Alice*, discos documentais e de recriação da música tradicional, e o DVD *O quintal das crianças*.
3. Podemos apenas conjecturar sobre o emprego do tempo verbal na cantiga: "Ô rosa lira lirais/ Quem tá dormindo acordais". Trata-se de uma cantiga de trabalho que é entoada por um grupo de mulheres de uma comunidade rural enquanto caminham pela rua ao alvorecer

do dia, quando se dirigem à casa de uma delas para trabalhar num mutirão. "Quem está dormindo acorde!" poderia ser o sentido mais evidente, o que, segundo a gramática normativa, seria: "Vós que estais dormindo, acordai!/ Ficou acordais para rimar com lirais?". De qualquer modo, muitas cantigas trazem dizeres que se acomodam à métrica, à rima, ao desenho melódico ou à fala cotidiana, o que contribui muitas vezes para seu encanto tão peculiar.
4. Bruno de La Salle, *Plaidoyer pour les arts de la parole*. Vendôme: Clio, 2004.
5. Paul Zumthor, *A letra e a voz*. São Paulo: Companhia das Letras, 1993.
6. João Guimarães Rosa, *Tutameia: terceiras estórias*. Rio de Janeiro: Livraria José Olympio Editora, 1967.
7. Carlos Drummond de Andrade, *Corpo: novos poemas*. Rio de Janeiro: Record, 1984.
8. Cantiga de verso da tradição popular brasileira.
9. Miguel de Cervantes Saavedra, *O engenhoso fidalgo d. Quixote de La Mancha*. São Paulo: Editora 34, 2002.

PORTAL I [PP. 29-35]

1. Bruno de La Salle, *Plaidoyer pour les arts de la parole*. Vendôme: Clio, 2004. p. 7.

1. PAISAGEM VISTA DE UMA JANELA [PP. 37-59]

1. Jean-Claude Carrière, Prefácio. In: *Le cercle des menteurs: Contes philosophiques du monde entier*. Paris: Plon, 1998.
2. Machado de Assis, "O espelho". In: *Os melhores contos de Machado de Assis*. Sel. de D. Proença Filho. São Paulo: Global, 1996. pp. 25-32.
3. "João e Maria". Canção de Chico Buarque de Holanda.
4. Martin Buber, "Narration". In: *The Legend of The Baal-Shem*. Nova York: Schocken, 1969.

5. Gilbert Durand, *Les Structures anthropologiques de l'imaginaire*. Paris: Bordas, 1969.
6. J. R. R. Tolkien, "On Fairy-Stories". In: *The Tolkien Reader*. Nova Jersey: Ballantine Books, 1978.
7. Mary Warnock, *Imagination*. Londres: Faber and Faber, 1976.
8. Idries Shah, "O filho de um contador de histórias". In: *Chercheur de Verité*. Paris: Albin Michel, 1984.
9. Italo Calvino, *Fábulas italianas*. São Paulo: Companhia das Letras, 1992.
10. Gilbert Durand, "Prefácio". In: Bruno Duborgel. *Imaginaire et Pédagogie*. Cópia xerografada, s. refer. bibliogr.
11. Michael Ende, *A história sem fim*. São Paulo: Martins Fontes/Presença, 1995. pp. 367-76.
12. Dan Yashinsky, "Isto me lembra uma história". In: *The Globe and Mail*. Toronto, 13 jul. 1985. Trad. de Regina Machado.

2. PASSEIO DENTRO DA PAISAGEM [PP. 61-95]

1. Henri Gougaud, "A aventura de Chu". In: *L'arbre à soleils*. Paris: Editions du Seuil, 1979. p. 109. Trad. de Regina Machado.
2. D. M. Dooling, "O segredo da madeira". In: *A Way of Working*. Nova York: Parabola Books, 1986. pp. xiii-xiv.
3. Amina Shah, "Prince Adil and the lions". In: *Arabian Fairy Tales*. Londres: The Octagon Press, 1989. pp. 157-67. Trad. de Regina Machado.
4. Henri Gougaud, "O contador de histórias". In: *L'arbre aux trésors*. Paris: Editions du Seuil, 1987. pp. 377-8. Trad. e reescrita de Regina Machado.

3. BAGAGEM I: AQUISIÇÕES E EQUIPAMENTOS DE VIAGEM [PP. 97-119]

1. João Guimarães Rosa, "Uma estória de amor (Festa de Manuelzão)". In: *Manuelzão e Miguilin*. Rio de Janeiro: Nova Fronteira, 1984. pp. 175 e 182.

2. Pauline Alphen, *A odalisca e o elefante*. São Paulo: Companhia das Letras, 1998. p. 16.
3. Karen Blixen, "La page blanche". In: *Nouveaux Contes d'hiver*. Paris: Gallimard, 1977. p. 123.
4. F. Assis de Sousa Lima, *Conto popular e comunidade narrativa*. Rio de Janeiro: Funarte/Instituto Nacional do Folclore, 1985.
5. Antonio Madureira; Antonio Nóbrega, *Brincadeiras de roda, estórias e canções de ninar*. CD do selo Eldorado, 1983. Trata-se de um extraordinário trabalho musical para crianças, que reúne músicos competentes como Antonio Madureira, Antonio Nóbrega, Elba Ramalho, Solange Maria e coro infantil. O disco foi realizado tendo como material o conjunto de cantigas e histórias recolhidas na Bahia por d. Esther Pedreira de Cerqueira. O trabalho foi coordenado por Aluizio Falcão e hoje está reeditado em CD.

5. CURIOSOS ESTUDANTES VISITAM A PAISAGEM [PP. 175-229]

1. Tolkien, op. cit., p. 56.
2. Henri Gougaud, "O homem que não podia mentir". In: *L'arbre aux trésors*. Paris: Éditions du Seuil, 1987. p. 112. Trad. de Sofia Machado Wenna.
3. Luís da Câmara Cascudo, *O boi Leição*. Rio de Janeiro: Ediouro, 1999. pp. 194-9.
4. Ibid., p. 20.
5. Ibid., p. 14.
6. Assis de Sousa Lima, op. cit., p. 120.
7. René Khawan, *Les Mille et une nuits*. Paris: Phébus, 1987.
8. Cascudo, op. cit., p. 15.
9. Vladimir J. Propp, *Las raíces históricas del cuento*. Madri: Fundamentos, 1979. pp. 18-9.
10. Ibid., p. 530.
11. Mircea Eliade, *Aspects du Mythe*. Paris: Gallimard, 1963. p. 236.

12. Michèle Simonsen, O conto popular. São Paulo: Martins Fontes, 1987. pp. 41-2.
13. André Jolles, Formas simples. São Paulo: Cultrix, 1976.
14. Ibid., p. 189.
15. Ibid., p. 198.
16. Bruno Bettelheim, A psicanálise dos contos de fadas. São Paulo: Paz e Terra, 1979; M. Louise von Franz, A sombra e o mal nos contos de fadas. São Paulo: Paulinas, 1985.
17. Simonsen, op. cit., p. 48.
18. Eliade, op. cit., p. 238.
19. Ananda Coomaraswamy, "La naturaleza del folklore y del arte popular". In: La filosofia cristiana y oriental del arte. Cópia xerografada.
20. René Guénon, "Le saint Graal". In: Le Voile d'Isis. Paris, 1934. pp. 147-8.
21. Claudio Mutti, Le Symbolisme dans la fable. Paris: Editions de la Maisnie, 1979.
22. Eve Leone, El misterio feliz. Buenos Aires: Estaciones, 1991.
23. Ibid., p. 12.
24. Julius Evola, Révolte contre le monde moderne. Bruxelas: [s.e.], 1972. p. 16.
25. René Guénon, in: Mutti, op. cit., p. 29.
26. Regina Machado, Arte educação e o conto de tradição oral. São Paulo: ECA/USP, 1989. Tese de doutoramento.
27. Tolkien, op. cit., p. 55.
28. Ibid., p. 87.
29. In: Amir Khusru. O jardim e a primavera: A história dos quatro dervixes. São Paulo: Attar Editorial, 1993.
30. Tolkien, op. cit., p. 46.
31. Federico Lara Peinado (Org.), Poema de Gilgamesh. Madri: Editorial Tecnos, 1988.
32. Idries Shah, World Tales. Londres: Allen Lane/Kestrel Books, Penguin Books, 1979. p. 87.
33. Cascudo, op.cit., p. 17.

34. Ziya'u'd-din Nakhshabi, *Tuti-Nama: Los cuentos del papagaio*. Org. de Muhammed A. Simsar. Palma de Mallorca: Jose J. de Olaneta Editor, 1988. p. 21.
35. Shah, op. cit., p. 28.
36. J. R. R. Tolkien, *O senhor dos anéis*. São Paulo: Martins Fontes, 2001.
37. Ende, op. cit.
38. Alphen, op. cit.
39. Ricardo Azevedo. Ver lista de obras na bibliografia.
40. Rachel Remen, *Histórias que curam*. São Paulo: Ágora, 1998.
41. Ibid., pp. 225-6.

6. UM ESTUDANTE ESPECIAL: MALBA TAHAN VISITA A PAISAGEM E ACABA MORANDO NELA [PP. 231-47]

1. Pedro Paulo Salles, *Ciência Hoje*. Revista de divulgação científica para crianças. São Paulo, ano 8, n. 54.
2. Gaston Bachelard, *La poétique de la rêverie*. Paris: P.U.F., 1971; G. Durand, *Les Structures anthropologiques de l'imaginaire*. Paris: Bordas, 1969; J. Held, *O imaginário no poder*. São Paulo: Summus, 1980; B. Duborgel, *Imaginaire et Pédagogie*. Paris: Le sourire qui mord/Gallimard, 1983.
3. Duborgel, op. cit., p. 426.
4. Ibid., p. 425.
5. Umberto Eco, *Seis passeios pelos bosques da ficção*. São Paulo: Companhia das Letras, 1994. p. 93.
6. Yolanda L. dos Santos (Org.), *Lendas, fábulas e apólogos*. São Paulo: Logos, 1969. pp. 87-90.
7. Duborgel, op. cit., p. 58.
8. Bruno Bettelheim, *Psychanalyse des contes de fées*, p. 26; apud Duborgel, op. cit., p. 64.
9. Malba Tahan, *A arte de ler e contar histórias*. Rio de Janeiro: Conquista, 1966. p. 16.

10. Malba Tahan, *O homem que calculava*. Rio de Janeiro: Record, 1985. p. 168.
11. Ibid., capítulos XXVI a XXXII.

PORTAL II: À ESPERA DE OUTROS VISITANTES [PP. 249-59]

1. Conto recontado pela autora a partir de Idries Shah, *Histórias dos dervixes*. Rio de Janeiro: Nova Fronteira, 1976. pp. 235-9.

AGRADECIMENTO

A revisão bibliográfica dessa edição foi realizada pela professora Regina Alfaia, infatigável e apaixonada investigadora de textos. A ela agradeço especialmente.

BIBLIOGRAFIA

COLETÂNEAS

AFANAS'EV, Aleksander. *Contos de fadas russos* (vols. 1, 2 e 3). São Paulo: Landy, 2002.
ALCOFORADO, Doralice F. Xavier; ALBÁN, Maria Del Rosário Suárez. *Contos populares brasileiros: Bahia*. Recife: Massangana, 2001.
_____. *Romanceiro ibérico na Bahia*. Salvador: Livraria Universitária, 1996.
ANÔNIMO. *Contos de ensinamentos do mestre sufi Nasrudin*. Rio de Janeiro: Edições Dervish, s.d.
_____. *Histórias da tradição sufi*. Rio de Janeiro: Edições Dervish, 1993.
_____. *Contos populares do Tibete*. São Paulo: Princípio, 1998.
_____. *Livro das mil e uma noites*, vol. 1: ramo sírio [introdução, notas, apêndice e tradução do árabe: Mamede Mustafa Jarouche]. São Paulo: Globo, 2006.
_____. *Livro das mil e uma noites*, vol. 2: ramo sírio [introdução, notas, apêndice e tradução do árabe: Mamede Mustafa Jarouche]. São Paulo: Globo, 2006.

ANÔNIMO. *Livro das mil e uma noites*, vol. 3: ramo sírio [introdução, notas, apêndice e tradução do árabe: Mamede Mustafa Jarouche]. São Paulo: Globo, 2007.

_____. *Livro das mil e uma noites*, vol. 4: ramo egípcio [introdução, notas, apêndice e tradução do árabe: Mamede Mustafa Jarouche]. São Paulo: Globo, 2012.

_____. *O romance de Aladim*. São Paulo: Martins Fontes, 1992.

_____. *Cento e uma noites: histórias árabes da Tunísia*. São Paulo: Martins Fontes, 2005.

_____. *A epopeia de Gilgamesh*. São Paulo: WMF Martins Fontes, 2001.

_____. *A canção dos Nibelungos*. São Paulo: Martins Fontes, 2001.

APULEIO, Lúcio. *O asno de ouro*. Tradução de Ruth Guimarães. Rio de Janeiro: Ediouro, s.d.

ATTAR, Farid ud-Din. *A linguagem dos pássaros*. São Paulo: Attar Editorial, 1991.

AUBERT, Francis Henrik. *Askeladden e outras aventuras: uma antologia de contos populares noruegueses*. São Paulo: Edusp, 1995.

AZEVEDO, Ricardo. *A viagem assombrosa de João de Calais*. São Paulo: Scipione, 1998.

_____. *A vida e a outra vida de Roberto do diabo*. São Paulo: Scipione, 1998.

_____. *Armazém do folclore*. São Paulo: Ática, 2000.

_____. *Histórias de bobos, bocós, burraldos e paspalhões*. Porto Alegre: Projeto, 2001.

_____. *Maria Gomes*. São Paulo: Scipione, 1990.

_____. *No meio da noite escura tem um pé de maravilha*. São Paulo: Ática, 2002.

_____. *O sábio ao contrário*. São Paulo: Senac, 1998.

BENJAMIM, Roberto. *Contos populares brasileiros: Pernambuco*. Recife: Massangana, 1994.

BORGES, J. L. *Livro dos sonhos*. São Paulo: Difel, 1979.

BUCK, Pearl S. *Histórias maravilhosas do Oriente*. Lisboa: Edição Livros do Brasil Ltda., 1965.

CALVINO, Italo. *Fábulas italianas*. São Paulo: Companhia das Letras, 1992.
CASCUDO, Luís da Câmara. *Antologia do folclore brasileiro* (vols. 1 e 2). São Paulo: Global, 2002.
_____. *Dicionário do folclore brasileiro*. São Paulo: Global, 2012.
_____. *Geografia dos mitos brasileiros*. São Paulo: Global, 2002.
_____. *Contos tradicionais do Brasil*. Rio de Janeiro: Ediouro, 1999.
CHAUCER, Geoffrey. *Os contos de Canterbury*. São Paulo: Ed. 34, 2014.
ENDE, Michael. *O espelho no espelho*. São Paulo: Marco Zero, 1986.
FREYRE, Gilberto. *Assombração do Recife Velho: algumas notas históricas e outras tantas folclóricas em torno do sobrenatural no passado recifense*. São Paulo: Global, 2008.
GARRETT, João Baptista de Almeida. *Romanceiro*. Lisboa: Estampa, 1983.
GOMES, Lenice; MORAES, Fabiano. *Histórias de quem conta histórias*. São Paulo: Cortez, 2010.
GOMES, Lindolfo. *Contos populares brasileiros*. São Paulo: Melhoramentos, 1965.
GOUGAUD, Henri. *O livro dos amores: contos da vontade dela e do desejo dele*. São Paulo: Martins Fontes, 2001.
GRILLO, Julia Goldman de Queiroz (Org.). *O guerreiro invisível: uma antologia da tradição viva*. Rio de Janeiro: Jaguatirica, 2014.
GRILLO, Nícia (Org.). *Histórias da tradição sufi*. Rio de Janeiro: Edições Dervish, Instituto Tarika, 1993.
_____. *Três histórias do destino*. Rio de Janeiro: Edições Dervish, 1998.
GUIMARÃES, Ruth (Org.). *Lendas e fábulas do Brasil*. São Paulo: Cultrix, s.d.
HAMADI. *Histórias dos homens livres*. São Paulo: Martins Fontes, 2001.
HAURÉLIO, Marco. *Contos e fábulas do Brasil*. São Paulo: Nova Alexandria, 2010.
_____. *Lendas do folclore capixaba*. São Paulo: Nova Alexandria, 2013.
_____. *O príncipe Teiú e outros contos*. São Paulo: Deleitura, 2012.

HAURÉLIO, Marco. *O urubu-rei e outros contos do Brasil*. São Paulo: Volta e Meia, 2011.

_____. *Contos folclóricos brasileiros*. São Paulo: Paulus, 2010.

KHUSRU, Amir. *O jardim e a primavera. A história dos quatro dervixes*. Compilação de Amina Shah. São Paulo: Attar Editorial, 1993.

KLEINERT, Tlalysia Peixoto Matos. *Fábulas e lendas da Índia*. São Paulo: Shakti, 1992.

LAGERLÖF, Selma. *Contos de Selma Lagerlöf*. São Paulo: Solares Editora, s.d.

_____. *O livro das lendas*. Lisboa: Edição Livros do Brasil, s. d.

LAGO, Ângela. *Sua alteza adivinha*. Belo Horizonte: RHV Livros Ltda., 1992.

LANG, Andrew. *The Arabian nights entertainments*. Nova York: Dover Publication Inc., 1969.

LIMA, Francisco de Assis de Sousa. *Contos populares brasileiros: Ceará*. Recife: Massangana, 2003.

MACHADO, Regina. *A formiga Aurélia e outros jeitos de ver o mundo*. São Paulo: Companhia das Letrinhas, 1998.

_____. *Nasrudin*. São Paulo: Companhia das Letrinhas, 2000.

_____. *O violino cigano e outros contos de mulheres sábias*. São Paulo: Companhia das Letrinhas, 2004.

MALLARMÉ, Stéphane. *Contos indianos*. São Paulo: Experimento, 1994.

MOUTINHO, Viale. *Contos populares de Angola*. São Paulo: Landy, 2000.

_____. (Org.). *Contos populares russos*. São Paulo: Landy, 2000.

OSÓRIO, Ana de Castro. *Contos tradicionais portugueses para crianças*. Lisboa: Instituto Piaget, 1997.

PEDROSO, Consiglieri. *Contos populares portugueses*. São Paulo: Landy, 2001.

PERRAULT, Charles. *Contos de Perrault*. Belo Horizonte: Itatiaia Ltda., 1985.

PIMENTEL, Altimar. *Estórias da boca da noite*. Brasília: Thesaurus, 1976.

_____. *Estórias de Luzia Tereza* (vols. 1 e 2). Brasília: Thesaurus, 1995.

PIMENTEL, Altimar. *Estórias de São João do Sabogi*. Brasília: Thesaurus, 1982.

_____. *Saruã: lendas de árvores e plantas*. Rio de Janeiro: Cátedra, 1977.

REGO, José Lins do. *Histórias da velha Totônia*. Rio de Janeiro: José Olympio, 2010.

ROMERO, Silvio. *Contos populares do Brasil*. São Paulo: Landy, 2000.

ROSA, João Guimarães. *Primeiras estórias*. Rio de Janeiro: Nova Fronteira, 1988.

SANTOS, Yolanda (Org.). *Lendas, fábulas e apólogos*. São Paulo: Logos Ltda., 1969.

SCHAMI, Rafik. *Histórias da noite*. Barueri: Novo Século, 2013.

SHAH, Idries. *As façanhas do incomparável Mulá Nasrudin*. Rio de Janeiro: Roça Nova, 2011.

_____. *Histórias dos dervixes*. Rio de Janeiro: Roça Nova, 2010.

SHAH, Saíra. *A filha do contador de histórias: uma jornada aos confins do Afeganistão*. São Paulo: Companhia das Letras, 2004.

SHAH, Sirdar Ikbal Ali. *A travessia dourada*. São Paulo: Edições Dervish, 1995.

SHAH, Tahir. *A casa do califa: um ano em Casablanca*. Rio de Janeiro: Roça Nova, 2008.

_____. *Nas noites árabes: uma caravana de histórias*. Rio de Janeiro: Roça Nova, 2008.

SHIRAZ, Saadi de. *Gulistan: o jardim das rosas*. São Paulo: Attar Editorial, 2000.

SILVA, Alberto da Costa e. *Lendas do índio brasileiro*. Rio de Janeiro: Ediouro, 2001.

TAHAN, Malba. *Amor de beduíno*. Rio de Janeiro: Record, 2002.

_____. *As lendas do bom Rabi*. Rio de Janeiro: Record, 2011.

_____. *Contos e lendas orientais*. Rio de Janeiro: Record, 2009.

_____. *Mil histórias sem fim*. Rio de Janeiro: Record, 2011.

_____. *Minha vida querida*. Rio de Janeiro: Getúlio Costa, s.d.

_____. *O livro de Aladim*. Rio de Janeiro: Record, 2001.

TOLKIEN, J. R. R. *As aventuras de Tom Bombadil e outras histórias*. Portugal: Publicações Europa-América, s.d.

_____. *Sobre histórias de fadas*. São Paulo: Conrad Editora do Brasil, 2007.

TRIGUEIRO, Osvaldo Meira. *Contos populares brasileiros: Paraíba*. Pernambuco: Massangana, 1996.

VALMIQUI. *O ramayana*. São Paulo: Paumape S.A., 1993.

ZEMAN, Ludmila. *Rei Gilgamesh*. Porto Alegre: Projeto, 1992. (3 vols.).

_____. *Simbad. Uma história das mil e uma noites*. Porto Alegre: Projeto, 2000.

OBRAS DE REFERÊNCIA AFRICANA E AFRO-BRASILEIRA

CARVALHO, Maria Selma de; CARVALHO, José Murilo de; CARVALHO, Ana Emília de. *Histórias que a Cecília contava*. Belo Horizonte: Ed. UFMG, 2011.

CASCUDO, Luís da Câmara. *Made in África*. São Paulo: Global, 2001.

HAMPATÉ BÂ, Amadou. "A tradição viva". In: KI-ZERBO, Joseph (Org.), *História Geral da África I. Metodologia e pré-história da África*. São Paulo: Ática/Unesco, 198, pp. 181-218.

_____. *Amkoullel, o menino fula*. São Paulo: Pallas Athena/ Casa das Áfricas, 2003.

NIANE, Djibril Tamsir. *Sundjata, ou A epopeia mandinga*. São Paulo: Ática, 1982.

OXALÁ, Adilson de. *Igbadu: a cabaça da existência. Mitos nagôs revelados*. Rio de Janeiro: Pallas, 1998.

PRANDI, Reginaldo. *Mitologia dos orixás*. São Paulo: Companhia das Letras, 2001.

OBRAS DE REFERÊNCIA INDÍGENA

BÔAS, Orlando Villas; BÔAS, Claudio Villas. *Xingu: os índios, seus mitos.* Rio de Janeiro: Zahar, 1970.

BÔAS, Orlando Villas; BÔAS, Claudio Villas. *Histórias do Xingu.* São Paulo: Companhia das Letrinhas, 2013.

BOFF, Leonardo. *O casamento entre o céu e a terra: contos dos povos indígenas do Brasil.* Rio de Janeiro: Salamandra, 2001.

CARELLI, Rita. *A história de Akikisia, o dono da caça.* São Paulo: Cosac Naify, 2014.

_____. *Das crianças Ikpeng para o mundo.* São Paulo: Cosac Naify, 2014.

_____. *Depois do ovo, a guerra.* São Paulo: Cosac Naify, 2014.

COMISSÃO PRÓ-ÍNDIO DO ACRE. *Antologia da floresta.* Rio de Janeiro: Multiletra, 1997.

FERNANDES, Américo Castro (Diakuru). *Bueri Kãdiri Maririye: os ensinamentos que não se esquecem.* São Gabriel da Cachoeira - AM, FOIRN - Federação das Organizações Indígenas do Rio Negro; Santo Antônio - AM, UNIRT - União das Nações Indígenas do Rio Tiquié, 2006. (Coleção Narradores Indígenas do Brasil, v. 8).

GAKAMAM. *Gapgir ey xagah: amõ gapgir ey iway amõ anar segah ayap mi materet ey mame ikõr nih: histórias do clã gapgir ey e o mito do gavião real.* Rondônia: Associação Gapgir Ey do Povo Indígena Paiter Suruí, 2011.

GALVÃO, Wenceslau Sampaio (Tõrãmu Bayaru); GALVÃO, Raimundo Castro (Guahari Ye Ñi). *Livro dos antigos Desana - Guahari Diputiro Porã.* São Gabriel da Cachoeira - AM, FOIRN - Federação das Organizações Indígenas do Rio Negro; Santo Antônio - AM, UNIRT - União das Nações Indígenas do Rio Tiquié, 2006. (Coleção Narradores Indígenas do Brasil, v. 7).

JECUPÉ, Kaka Werá. *A terra dos mil povos: história indígena brasileira contada por um índio.* São Paulo: Peirópolis, 1998.

KUMU, Umúsin Panlõn; KENHÍRI, Tolamãn. *Antes o mundo não existia.* São Paulo: Livraria Cultura Editora, 1980.

MELLO, Gláucia Buratto Rodrigues de. *Yurupari, o dono das flautas sagradas do rio Negro: mitologia e simbolismo*. Belém: Paka-Tatu, 2013.

MINDLIN, Beth. *Tuparis e tarupás: narrativas dos índios tuparis de Rondônia*. São Paulo: Instituto de Antropologia e Meio Ambiente, Brasiliense, Edusp, 1993.

_____ et al. *Couro dos espíritos: namoro, pagés e cura entre os índios Gavião-Ikolen de Rondônia*. São Paulo: Senac/ Terceiro Nome, 2001.

MUNDURUKU, Daniel. *As serpentes que roubaram a noite e outros mitos*. São Paulo: Peirópolis, 2001.

_____. *Meu avô Apolinário: um mergulho no rio da (minha) memória*. São Paulo: Studio Nobel, 2001.

_____. *Catando piolhos, contando histórias*. São Paulo: Brinquebook, 2006.

_____. *Como surgiu: mitos indígenas brasileiros*. São Paulo: Callis, 2011.

_____. *Os filhos do sangue do céu e outras histórias indígenas de origem*. São Paulo: Landy, 2005.

ORGANIZAÇÃO DOS PROFESSORES INDÍGENAS DO ACRE. *Shenipabu Miyui: histórias dos antigos*. Belo Horizonte: UFMG, 2000.

PAPPIANI, Angela. *Povo verdadeiro: os povos indígenas no Brasil*. São Paulo: Ikore, 2009.

PEREIRA, Manuel Nunes. *Moronguêtá: um decamerão indígena* (vols.1 e 2). Rio de Janeiro: Civilização Brasileira, 1980.

UNKEL, Curt Nimuendaju. *As lendas da criação e destruição do mundo como fundamentos da religião dos apapocúva-guarani*. São Paulo: Edusp, 1987.

YAMA, Yaruaré. *Sehayóori: o livro sagrado do povo saterê-maué*. São Paulo: Peirópolis, 2007.

OBRAS DE REFERÊNCIA PARA O ESTUDO DA NARRATIVA

ARNHEIM, Rudolf. "O mito do cordeiro que bale: alguns fundamentos acerca de imagens e palavras". In: *Jornal Brasileiro de Psicologia*, São Paulo, n. 1 (1): pp. 15-6, 1964.

BAKHTIN, Mikail. *A cultura popular na Idade Média e no Renascimento*. São Paulo: Hucitec, 1993.

BENJAMIN, Walter. "O narrador. Considerações sobre a obra de Nikolai Leskov". In: *Magia e técnica, arte e política: ensaios sobre literatura e história da cultura*. São Paulo: Brasiliense, 1994.

BETTELHEIM, Bruno. *A psicanálise dos contos de fadas*. São Paulo: Paz e Terra, 1979.

BONAVENTURE, Jette. *O que conta o conto*. São Paulo: Paulinas, 1992.

CAMPBELL, Joseph. *As máscaras de Deus. Mitologia primitiva*. São Paulo: Palas Athena, 1992 e 2010.

_____. *Mito e transformação*. São Paulo: Ágora, 2008.

_____. *Isto és tu. Redimensionando a metáfora religiosa*. São Paulo: Landy, 2002.

_____. *O herói de mil faces*. São Paulo: Cultrix Pensamento, 1989.

_____. *O poder do mito*. São Paulo: Palas Athena, 1990.

_____. *O voo do pássaro selvagem*. Rio de Janeiro: Rosa dos Tempos, 2006.

CASCUDO, Luís da Câmara. *Literatura oral no Brasil*. São Paulo: Global, 2009.

COELHO, Nelly. *Literatura e linguagem*. São Paulo: Quiron, 1986.

_____. *Literatura infantil*. São Paulo: Ática, 1991.

ECO, Umberto. *Seis passeios pelos bosques da ficção*. São Paulo: Companhia das Letras, 1994.

GIRARDELLO, Gilka. *Uma clareira no bosque: contar histórias na escola*. Campinas: Papirus, 2014.

HELD, Jaqueline. *O fantástico no poder*. São Paulo: Summus, 1986.

JOLLES, André. *Formas simples*. São Paulo: Cultrix, 1976.

LARSEN, Stephen. *Imaginação mítica: a busca de significado através da mitologia pessoal*. Rio de Janeiro: Campus, 1991.

LE GOFF, Jacques. *Heróis e maravilhas da Idade Média*. São Paulo: Vozes, 2010.

LIMA, Francisco de Assis Sousa. *Conto popular e comunidade narrativa*. Rio de Janeiro: Funarte, Instituição do Folclore, 1985.

MACHADO, Toledo Luís. *O herói, o mito e a epopeia*. São Paulo: Alba Ltda., 1962.

MANGANELLI, Giorgio. *Pinóquio: um livro paralelo*. São Paulo: Companhia das Letras, 2002.

MATOS, Gislayne Avelar. *A palavra do contador de histórias*. São Paulo: WMF Martins Fontes, 2014.

_____; SORSY, Inno. *O ofício do contador de histórias: perguntas e respostas, exercícios práticos e um repertório para encantar*. São Paulo: WMF Martins Fontes, 2009.

MEGALE, Heitor (Org.). *A demanda do Santo Graal*. São Paulo: Ateliê Editorial/ Editora Imaginário, 1996.

NAQUET, Pierre Vidal. *O mundo de Homero*. São Paulo: Companhia das Letras, 2002.

PARK, Margareth Brandini (Org.). *Memória em movimento na formação de professores*. Campinas: Mercado de Letras, 2000.

PAZ, Noemi. *Mitos e ritos de iniciação nos contos de fadas*. São Paulo: Cultrix/ Pensamento, 1990.

PENNAC, Daniel. *Como um romance*. Rio de Janeiro: Rocco, 1997.

PROPP, Vladimir. *As raízes históricas do conto maravilhoso*. São Paulo: Martins, 2003.

_____. *Morfologia do conto maravilhoso*. Rio de Janeiro: Forense Universitária, 2006.

SIMONSEN, Michèle. *O conto popular*. São Paulo: Martins Fontes, 1987.

SOLER, Luis. *Origens árabes no folclore do sertão brasileiro*. Florianópolis: Ed. da UFSC, 1995.

SOUZA, Eudoro de. *Mitologia*. Lisboa: Guimarães Editores Ltda., 1984.

TAHAN, Malba. *A arte de ler e contar histórias*. Rio de Janeiro: Conquista, 1966.

TOLEDO, Marcelo de Almeida (Org.). *João Guimarães Rosa: Grande sertão veredas: As trilhas de amor de Riobaldo Tatarana*. São Paulo: Massao Ohno Ed., 1982.

VASCONCELOS, Sandra Guardini Teixeira, *Puras misturas: estórias em Guimarães Rosa*. São Paulo: Hucitec, 1997.

VON FRANZ, Marie-Louise. *A sombra e o mal nos contos de fadas*. São Paulo: Paulus, 1985.

VON FRANZ, Marie-Louise. *A individuação nos contos de fadas*. São Paulo: Paulus, 1985.

WARNER, Marina. *Da fera à loira: sobre contos de fadas e seus narradores*. São Paulo: Companhia das Letras, 1999.

ZIMMER, H. *A conquista psicológica do mal*. São Paulo: Palas Athena, 1988.

ZUMTHOR, Paul. *A letra e a voz*. São Paulo: Companhia das Letras, 1993.

_____. *Introdução à poesia oral*. Belo Horizonte: Ed. UFMG, 2010.

ESTA OBRA FOI COMPOSTA POR OSMANE GARCIA FILHO EM FREIGHT TEXT
E IMPRESSA PELA RR DONNELLEY EM OFSETE SOBRE PAPEL PÓLEN SOFT DA SUZANO PAPEL
E CELULOSE PARA A EDITORA SCHWARCZ EM SETEMBRO DE 2015

A marca FSC® é a garantia de que a madeira utilizada na fabricação do papel deste livro provém de florestas que foram gerenciadas de maneira ambientalmente correta, socialmente justa e economicamente viável, além de outras fontes de origem controlada.